Öffentliche Betriebswirtschaftslehre

Systematische Darstellung und Besonderheiten

von

Prof. Dr. Thomas Barthel
Kommunale Hochschule für Verwaltung in Niedersachsen

unter Mitwirkung von

Dr. Christina Barthel

2., überarbeitete Auflage 2018

Kohlhammer
Deutscher Gemeindeverlag

2., überarbeitete Auflage 2018

Print:
ISBN 978-3-555-01977-2

E-Book-Formate:
pdf: ISBN 978-3-555-01978-9
epub: ISBN 978-3-555-01979-6
mobi: ISBN 978-3-555-01980-2

Vorwort zur zweiten Auflage

Schon zehn Monate nach Erscheinen war die erste Auflage fast vergriffen. Anlass genug, möglichst zügig eine zweite Auflage herauszubringen. Um eine optimalere Darbietung des Stoffs zu gewährleisten, sind einige Punkte verändert worden. So wurde die Gliederung vertieft, Fehler, die sich eingeschlichen hatten, korrigiert und selbstverständlich auch der Inhalt an die sich ständig verändernden Gegebenheiten angepasst.

Dies geschah alles nicht zuletzt zu dem Zweck, so gut wie möglich als lehrveranstaltungsbegleitende und den Stoff punktuell vertiefende Lektüre zu dienen. Denn nach wie vor wird das Lehrbuch für Verwaltungswissenschaft I an der Kommunalen Hochschule für Verwaltung in Hannover eingesetzt. Inhaltlich deckt es weiterhin das vom Autor verfasste und in der Akkreditierung verantwortete Modul Verwaltungswissenschaft I ab: Ausgenommen davon ist allein der Bereich „Entscheidungen in der öffentlichen Verwaltung", der seinen Niederschlag im Lehrbuch des Autors (et al.) zur Öffentlichen Entscheidungslehre findet (siehe Literaturverzeichnis).

Nicht in diesem Buch vorhandene, aber dennoch wichtige Lehrinhalte für die Studiengänge der Öffentlichen Verwaltung im Bachelorstudium finden sich in anderen Modulen wieder und werden daher weiterhin an dieser Stelle nicht thematisiert.

Zu einem Buch tragen immer viele bei. Ganz besonders wichtig ist der Verlag, weshalb ich mich wieder beim Kohlhammer Verlag und dort vor allem bei Herrn Rechtsanwalt Tobias Durst für die vertrauensvolle Zusammenarbeit bedanken möchte.

Daneben haben Kollegen an der Kommunalen Hochschule für Verwaltung in Niedersachsen (HSVN) zum Gelingen beigetragen. Hervorheben möchte ich vor allem meine Kollegin in Verwaltungswissenschaft und der Leiterin der Finanzabteilung des NSI e. V. sowie Tax Compliance Officer Frau Dipl.-Kffr. Jutta Steinmetz sowie meinen Dozentenkollegen Herrn Dipl.-Volkswirt Eike Lütjen. Des Weiteren haben meine wissenschaftlichen Lehrbeauftragten der Verwaltungswissenschaft wertvolle Hinweise gegeben. Stellvertretend nenne ich Herrn Oliver Steinmann M. A., der den Abschnitt zum Stiftungsrecht fachlich vertieft hat. Allen sage ich vielen Dank dafür.

Vorwort zur zweiten Auflage

Was wäre eine solche Publikation ohne die Hintergrundarbeit des Korrekturlesens durch die wissenschaftlichen Hilfskräfte? Mein Dank geht hier an Frau Daniela Polzin M. Ed. und Herrn Jan Philipp Bäßmann B. Sc.

Last but not least gilt mein besonders herzlicher Dank auch meiner Ehefrau Dr. phil. Christina Barthel, die tatkräftig an der zweiten Auflage mitgewirkt hat. Ebenso danke ich meiner Schwiegermutter für das gewissenhafte Korrekturlesen und Vergleichen bzw. Korrigieren der Umbrüche.

Da auch in der zweiten Auflage ein Lehrbuch nie so gut sein wird, dass es nichts mehr zu aktualisieren und verbessern gäbe, freue ich mich über Anmerkungen und konstruktive Kritik, die Sie mir einfach durch eine eMail an folgende Adresse zukommen lassen können: thomas.barthel@nsi-hsvn.de.

Widmen möchte ich die zweite Auflage meiner geliebten Ehefrau Christina, die mich tagtäglich in meiner beruflichen Tätigkeit sehr unterstützt und mir den „Rücken freihält". Von Herzen vielen Dank dafür.

Hannover, im April 2018   Thomas Barthel

VI

Vorwort zur ersten Auflage

Es gibt kaum Lehrbücher zur Öffentlichen Betriebswirtschaftslehre, die zum einen das breite Feld der Öffentlichen Betriebswirtschaftslehre wissenschaftlich fundiert und gleichzeitig anwendungsbezogen abbilden und zum anderen vom Volumen und der Komplexität her für Studierende am Anfang ihres Studiums in einer wirklich begrenzten Zeit „studierbar" sind. Mit diesem Buch soll genau dieser Ansatz verfolgt werden, indem begleitendes Lehrmaterial für das Selbststudium zu den Lehrveranstaltungen in der Verwaltungswissenschaft der Bachelorstudiengänge bereitgestellt wird. Da das Buch allerdings nicht den Anspruch einer inhaltlichen Vollständigkeit erhebt, sei zusätzlich auf die zitierte Literatur verwiesen.

Dieses Lehrbuch wird an der Kommunalen Hochschule für Verwaltung in Hannover für Verwaltungswissenschaft I eingesetzt. Inhaltlich deckt es das vom Autor verfasste und in der Akkreditierung verantwortete Modul Verwaltungswissenschaft I ab, mit Ausnahme des Bereichs „Entscheidungen in der öffentlichen Verwaltung". Diesbezüglich sei auf das Lehrbuch des Autors zur Öffentlichen Entscheidungslehre verwiesen (siehe Literaturverzeichnis).

Nicht in diesem Buch vorhandene, aber dennoch wichtige Lehrinhalte für die Studiengänge der Öffentlichen Verwaltung im Bachelor finden sich in anderen Modulen wieder und werden daher an dieser Stelle nicht thematisiert.

Das Lehrbuch *Öffentliche Betriebswirtschaftslehre* umschreibt Begriffe und Determinanten sowie die ökonomischen Rahmenbedingungen des Verwaltungshandelns. Im Rahmen der Betrachtung der öffentlichen Verwaltung – insbesondere der kommunalen Verwaltung – werden Betriebsformen und Organisationsformen des Konzerns „Kommune" erläutert.

Daher empfiehlt sich der Einsatz dieses Lehrwerks an Universitäten, (dualen) Hochschulen, insbesondere an den Hochschulen für öffentliche Verwaltung in den Bachelorstudiengängen sowie an den Studieninstituten für den Angestelltenlehrgang II.

An dieser Stelle möchte ich dem Kohlhammer Verlag bzw. vor allem Herrn Rechtsanwalt Tobias Durst für die sehr vertrauensvolle Zusammenarbeit danken.

Vorwort zur ersten Auflage

Als Inhaber der Professur für Verwaltungswissenschaft an der Kommunalen Hochschule für Verwaltung in Niedersachsen (HSVN) möchte ich mich auch zum einen bei der Hochschulleitung, insbesondere bei Herrn Hochschulpräsident Prof. Dr. rer. pol. Michael Koop, und zum anderen bei meiner Kollegin in Verwaltungswissenschaft und der Leiterin der Finanzabteilung des NSI e. V. Frau Dipl.-Kffr. Jutta Steinmetz sowie bei meinen wissenschaftlichen Lehrbeauftragten der Verwaltungswissenschaft für die wertvollen Hinweise bedanken.

Danke sagen möchte ich auch der wissenschaftlichen Hilfskraft Frau Daniela Polzin M. Ed. für ihre große administrative Unterstützung.

Ein besonders herzlicher Dank gilt auch Frau Dr. phil. Christina von Torklus, die in den letzten Wochen vor Abgabe des Manuskripts beim Verlag unermüdlich Korrektur gelesen hat.

Ein Lehrbuch wird nie so gut sein, dass es nichts mehr zu aktualisieren und verbessern gibt, vor allem wenn es sich um die erste Auflage handelt. Deshalb freue ich mich über Anmerkungen und konstruktive Kritik, die Sie mir einfach durch eine Mail an folgende Adresse zukommen lassen können: thomas.barthel@nsi-hsvn.de.

Möge das Buch zu einer effizienten und effektiven Konzernverwaltung sowie der Einhaltung der Haushaltsgrundsätze Wirtschaftlichkeit und Sparsamkeit in der öffentlichen Verwaltung in Deutschland auf allen Verwaltungsebenen beitragen.

Widmen möchte ich das Buch meiner Mutter Isolde Barthel und meinem leider bereits früh verstorbenen Vater Roland Barthel, denen ich beiden sehr viel zu verdanken habe.

Hannover, im April 2016   Thomas Barthel

Inhaltsverzeichnis

Inhaltsverzeichnis

Inhaltsverzeichnis

Abbildungsverzeichnis

Abbildungsverzeichnis

Abkürzungsverzeichnis

A

A	Besoldungsgruppe(n) A
Abb.	Abbildung
AEUV	Vertrag über die Arbeitsweise der Union
AG	Aktiengesellschaft nach dem Aktiengesetz
AktG	Aktiengesetz
Art.	Artikel
Aufl.	Auflage

B

BAT	Bundesangestelltentarif
BBR	Bundesamt für Bauwesen und Raumordnung
BBSR	Bundesinstitut für Bau-, Stadt- und Raumforschung
Bd.	Band
BGB	Bürgerliches Gesetzbuch
BHO	Bundeshaushaltsordnung
BMI	Bundesinnenministerium
bzw.	beziehungsweise

C

C	C-Besoldungsgruppe(n) (ehemals für die Wissenschaft)
ca.	circa
Co.	zusammen mit anderen

D

d. h.	das heißt
DDR	Deutsche Demokratische Republik
Dipl.-Kffr.	Diplom-Kauffrau
DÖV	Die Öffentliche Verwaltung
Dr.	Doktor
DrittelbG	Drittelbeteiligungsgesetz

E

e. V.	eingetragener Verein
eG	eingetragene Genossenschaft
EIB	Eigenbetrieb
EigBetrVO	Eigenbetriebsverordnung Niedersachsen
EigBetrVO	Eigenbetriebsverordnung
EigBGes	Eigenbetriebsgesetz

Abkürzungsverzeichnis

etc.	et cetera
EU	Europäische Union
Ew.	Einwohner
F	
f.	folgende
FAO	Food and Agriculture Organisation
ff.	fortfolgende
G	
GenG	Genossenschaftsgesetz
GG	Grundgesetz für die Bundesrepublik Deutschland
ggf.	gegebenenfalls
gGmbH	gemeinnützige Gesellschaft mit beschränkter Haftung
GkG	Gesetz über kommunale Gemeinschaftsarbeit
GmbH	Gesellschaft mit beschränkter Haftung nach GmbHG
GmbHG	Gesetz für Gesellschaften mit beschränkter Haftung
GO	Gemeindeordnung
H	
HdF	Handbuch der Finanzwissenschaft
HGB	Handelsgesetzbuch
HGrG	Gesetz über die Grundsätze des Haushaltsrechts des Bundes und der Länder (Haushaltsgrundsätzegesetz)
Hrsg.	Herausgeber
hrsg.	herausgegeben
HSVN	Kommunale Hochschule für Verwaltung in Niedersachsen
HVB	Hauptverwaltungsbeamter
I	
i. d. R.	in der Regel
i. e. S.	im engeren Sinne
i. V. m.	in Verbindung mit
i. w. S.	im weitesten Sinne
IKM	Initiativkreis Europäische Metropolregionen Deutschland
ILO	International Labour Organisation
InsO	Insolvenzordnung
ISO	International Organization for Standardization
J	
JD	Jahres-Durchschnitt
Jg.	Jahrgang
K	
KG	Kommanditgesellschaft
KGaA	Kommanditgesellschaft auf Aktien
KGSt	Kommunale Gemeinschaftsstelle für Verwaltungsvereinfachung, Köln
km²	Quadratkilometer
KomHKVO	Kommunalhaushalts- und -kassenverordnung
KSM	Kommunales Steuerungsmodell

KSVG	Kommunalselbstverwaltungsgesetz
KU	Kommunales Unternehmen
L	
LHO	Landeshaushaltsordnung
LOG	Gesetze über die Organisation der Landesverwaltung
LSKN	Landesbetrieb für Statistik und Kommunikationstechnologie
LSN	Landesamt für Statistik Niedersachsen
LStifG	Stiftungswesen im Landesstiftungsgesetz
LuftSiG	Luftsicherheitsgesetz
M	
M. Ed.	Master of Education
Mio.	Million(en)
MitbestG	Mitbestimmungsgesetz
N	
Nds.	Niedersachsen
NGO	Niedersächsische Gemeindeordnung
NKomVG	Niedersächsisches Kommunalverfassungsgesetz
NKomZG	Niedersächsisches Gesetz über kommunale Zusammenarbeit
NLO	Niedersächsische Landkreisordnung
NPO	Non-Profit-Organisation
Nr.	Nummer
Nrn.	Nummern
NSI e. V.	Niedersächsisches Studieninstitut für kommunale Verwaltung e. V.
NSM	Neues Steuerungsmodell
NSpG	Niedersächsisches Sparkassengesetz
NStifG	Niedersächsisches Stiftungsgesetz
O	
o. g.	oben genannte/oben genannt
o. J.	ohne Jahr
o. O.	ohne Ort
o. S.	ohne Seite
o. V.	ohne Verfasserangabe
OECD	Organisation for Economic Co-operation and Development
OFD	Oberfinanzdirektion
OHG	Offene Handelsgesellschaft
ÖPNV	Öffentlicher Personennahverkehr
ÖVB	Öffentliche(r) Verwaltungsbetrieb(e)
P	
phil.	philosophiae
pol.	politicarum
PPP	Public-Private-Partnership
Prof.	Professor

Abkürzungsverzeichnis

R

rer.   rerum
ROI   Return On Investment

S

S.   Seite
SE   Societas Europeae
SGB   Sozialgesetzbuch

T

TÜV   Technischer Überwachungs-Verein
TVöD   Tarifvertrag für den öffentlichen Dienst

U

u. a.   unter anderem
UG   Unternehmergesellschaft
UNO   United Nations Organization
USA   United States of America

V

Verf. Nds.   niedersächsische Verfassung
vgl.   vergleiche
VRRN   Verband Region Rhein-Neckar

W

W   Besoldungsgruppe(n) W (W für die Wissenschaft)
WiSt   Wirtschaftswissenschaftliches Studium

Z

z. B.   zum Beispiel
z. T.   zum Teil

1. Grundlagen der öffentlichen Verwaltung

1.1 Einführung

1.1.1 Begriff

Begriffserklärungen, welche die Vielgestaltigkeit der öffentlichen Verwaltung vollständig zu erfassen vermögen, liegen bislang nicht vor. Nach Blickwinkel und Erkenntnisinteressen werden stets nur bestimmte Dimensionen dieses Begriffs abgebildet. Insbesondere die Rechtswissenschaft hat sich aufgrund ihrer fachlichen Nähe zur öffentlichen Verwaltung mit Hilfe verwaltungsrechtlicher Literatur um eine Definition bemüht.

So unterscheidet Stober mit Blick auf die vielseitigen Aufgaben der öffentlichen Verwaltung zwischen einem

- **materiellen,**
- **organisatorischen** und
- **formellen**

Verwaltungsbegriff (vgl. Wolff, H. J., Bachof, O., Stober, R. und Kluth, W.: Verwaltungsrecht, S. 43 ff., § 3).

Der **materielle Verwaltungsbegriff** umfasst „[...] eine mannigfaltige, d. h. zeitlich andauernde Besorgung mehrerer Angelegenheiten, und dass der Verwaltende (wie der Waltende) selbst handelnd beteiligt ist und nicht wie ein Richter als Unbeteiligter lediglich urteilt." (Wolff, H. J., Bachof, O., Stober, R. und Kluth, W.: Verwaltungsrecht, S. 45, § 3, 9). Als Definitionskriterium beinhaltet der materielle Verwaltungsbegriff den spezifischen Inhalt des öffentlichen Verwaltens. Materiell gesehen bedeutet inhaltliche Verwaltung die „eigentliche" Verwaltungstätigkeit, d. h. alles außer dem, was Rechtsprechung i. e. S. nicht ist, bzw. dem, was weder Gesetzgebung oder Rechtsprechung, noch Regierungstätigkeit und militärische Verteidigung i. w. S. umfassen. Hier besteht die Problematik einer positiven Umschreibung.

Der **organisatorische Verwaltungsbegriff** umfasst „[...] die Gesamtheit derjenigen Glieder und Organe der Europäischen Union sowie der inneren staatlichen Organisation, die in der Hauptsache zur öffentlichen Verwaltung im materiellen Sinne bestellt sind. Die Glieder und Organe [der EU] unterscheiden sich von den Organen der Gesetzgebung, der Regierung und der Rechtsprechung [der Bundesrepublik Deutschland], die allerdings auch je ihre (öffentliche) Verwaltung haben" (Wolff, H. J., Bachof, O., Stober, R. und Kluth, W.: Verwaltungsrecht, S. 49, § 3, 22). Der organisatorische Verwaltungsbegriff beinhaltet diese drei Organe nicht, da er lediglich die ihnen zugeordneten Verwaltungen miteinbezieht. Das heißt, dass die Organe der Gesetzgebung (Bundestag, Landtage) ihre Bundestags- bzw. Landtagsverwaltung haben, die Organe der Regierung (Bundesregierung, Landesregierung) ihre Bundesministerien bzw. Landesministerien und die Organe der Rechtsprechung ihre jeweiligen Justizverwaltungen. Der jeweilige Verwaltungsapparat der drei genannten Organe ist also im organisatorischen Verwaltungsbegriff enthalten. Ebenso die übrigen Verwaltungsorgane, wie z. B. der Hauptverwaltungsbeamte oder die Vertretung bzw. der Rat. In diesem Fall werden als Definitionskriterium die Subjekte ("Wer") öffentlichen Verwaltens herangezogen. Also impliziert dieser Verwaltungsbegriff die Gesamtheit der Verwaltungsträger, der Verwaltungsorgane und sonstigen Verwaltungseinrichtungen, mit anderen Worten, die "Verwaltungsorganisation" als Gesamtheit.

Der **formelle Verwaltungsbegriff** umfasst "[...] jene Tätigkeit, die von den in der Hauptsache zur Verwaltung im materiellen Sinne berufenen Organen eines Gemeinwesens wahrgenommen wird. Das gilt unabhängig davon, ob sie materiell verwaltend, regierend, gesetzgebend oder auch rechtsprechend ist" (Wolff, H. J., Bachof, O., Stober, R. und Kluth, W.: Verwaltungsrecht, S. 49, § 3, 23). Formell gesehen beinhaltet dieser Verwaltungsbegriff die gesamte von den Verwaltungsbehörden (im organisatorischen Sinn) ausgeübte Tätigkeit, ohne Rücksicht auf ihren materiellen Gehalt.

Der **formelle Verwaltungsbegriff** ist damit inhaltlich weiter gefasst als der **materielle** Begriff, denn

• im materiellen Verwaltungsbegriff i. e. S. ist die Rechtsprechung nicht enthalten und

• der materielle Verwaltungsbegriff i. w. S. umfasst weder Gesetzgebung, Rechtsprechung, Regierungstätigkeit noch militärische Verteidigung. Der formelle Verwaltungsbegriff ist auch weiter als der organisatorische Begriff gefasst, denn dieser umfasst die drei Gewalten als Organ nicht.

Die öffentliche Verwaltung soll nicht als abstraktes Verwaltungsgebilde dargestellt werden, sondern in Form ihrer realen Erscheinungsformen in Wirtschaft und Verwaltung. Diese sind wiederum gegliedert in Organisationseinheiten, die mit sachlichen und personellen Ressourcen ausgestattet sind. Dazu wird im nächsten Abschnitt die öffentliche Verwaltung anhand ihrer Stellung und ihrer Abgrenzung im System der staatlichen Grundfunktionen bestimmt. Anschließend wird die Rolle der öffentlichen Verwaltung unter dem Aspekt der Eingliederung in den volkswirtschaftlichen Sektor thematisiert. Zum Abschluss werden die einzelnen Organisationseinheiten der öffentlichen Verwaltung aus mikroökonomischer Sicht betrachtet, d. h. als ein System von Betrieben im betriebswirtschaftlichen Sinne.

1.1.2 Öffentliche Verwaltung im System der staatlichen Grundfunktionen

Zur Wahrnehmung der staatlichen Grundfunktionen bzw. der Staatsgewalten Legislative, Exekutive und Judikative sind im Staatswesen der Bundesrepublik Deutschland komplexe organisatorische Gebilde personeller und sächlicher Mittel geschaffen worden.

Im Bereich der **Legislative** sind dies die Parlamente (Bundestag, Bundesrat und Landtage) mit den Ausschüssen und sonstigen politischen Gremien (Arbeitskreise, Fraktionen, Delegationen etc.). Ihre primäre Aufgabe ist die Gesetzgebung und darüber hinaus die Wahrnehmung weiterer wichtiger Funktionen wie die Wahl des Regierungschefs, die Kontrolle der Exekutive sowie grundlegende Entscheidungen, z. B. über Auslandseinsätze der Bundeswehr durch den Bundestag.

Zur **Exekutive** – der vollziehenden Gewalt – gehören

- die Bundesregierung und die Landesregierungen (**d. h. die Gubernative**) sowie
- die Dienststellen, Behörden und Einrichtungen der öffentlichen Verwaltung (**d. h. die Administrative**) einschließlich der untersten Ebene der öffentlichen Verwaltung, den Kommunen mit ihren Kommunalverwaltungen und ihren politischen Vertretungskörperschaften (Vertretung, Gemeinderat, Stadtrat, Stadtverordnetenversammlung etc.).

Sowohl die **Gubernative** als auch die **Administrative** sind als Exekutive in ihrem operativen und dispositiven Handeln kooperativ miteinander verbunden, sodass von einer strukturellen und prozessualen Einheit gesprochen werden kann. Diese Einheit wird begrifflich als „politisch-administratives System" bezeichnet.

Das exekutive System besteht somit aus einem zweistufigen Staatsaufbau (Bund und Länder) sowie einem dreistufigen Verwaltungsaufbau (Bundes-, Landes- und Kommunalverwaltung).

Zur **Judikative** – der Rechtsprechung – gehören neben der für Zivil- und Strafsachen zuständigen **Ordentlichen Gerichtsbarkeit**:

- den Amtsgerichten,
- den Landgerichten und
- den Oberlandesgerichten

auch die **vier sogenannten Fachgerichtsbarkeiten**:

- die Arbeitsgerichtsbarkeit,
- die Finanzgerichtsbarkeit,
- die Sozialgerichtsbarkeit und
- die Verwaltungsgerichtsbarkeit.

Hinzu kommen die **obersten Bundesgerichte:**

- das Bundesverfassungsgericht,
- der Bundesgerichtshof,
- das Bundesarbeitsgericht,
- das Bundesverwaltungsgericht,
- das Bundessozialgericht und
- der Bundesfinanzhof.

Der Schwerpunkt der öffentlichen Verwaltung liegt zwar auf der Exekutive, aber auch die Legislative und Judikative werden, z. T. mit erheblichen personellen und sächlichen Ressourcen, gesteuert.

- Dies geschieht im Bereich der Legislative durch die Parlamentsverwaltungen und
- bei der Judikative durch die Gerichtsverwaltungen, den Justizvollzug sowie insbesondere den ministeriellen Bereich der Justiz.

Diese „Einbindung" der Gerichtsbarkeit in die exekutiven Strukturen ist jedoch umstritten. So werden beispielsweise vom Justizminister initiierte, betriebswirtschaftlich ausgerichtete Reformmaßnahmen, die zu mehr Effizienz und Effektivität im Gerichtswesen beitragen sollen, von der Richterschaft mit Verweis auf die in Art. 97 GG festgeschriebene richterliche Unabhängigkeit weitgehend abgelehnt, zumindest aber mit Skepsis betrachtet. Die Ausübung der Dienstaufsicht durch den Justizminister und das Recht des Fachministers, den jährlichen Justizhaushalt aufzustellen und ins Parlament einzubringen, werden von der Richterschaft auch sehr kritisch gesehen.

1.1.3 Öffentliche Verwaltung in volkswirtschaftlicher Sicht

1.1.3.1 Volkswirtschaftliche Sektoren

Im volkswirtschaftlichen Rechnungswesen wird das ökonomische Geschehen eines Staats periodenbezogen dargestellt. Dies geschieht in aggregierter Form, indem alle wirtschaftenden Organisationseinheiten zu **Sektoren** zusammengefasst werden:

- Unternehmen,
- öffentlicher Sektor/Staat,
- private Organisationen ohne Erwerbscharakter und
- private Haushalte.

In diesem System ist die öffentliche Verwaltung Bestandteil des öffentlichen Sektors und gleichermaßen – wie die Wirtschaftseinheiten der anderen Sektoren – am Wirtschaftsleben beteiligt. Sie fragt Güter (Sachgüter und Dienstleistungen) für ihre Leistungserstellung nach, produziert Güter (Sachgüter und Dienstleistungen) für den individuellen und kollektiven Bedarf und entzieht den Wirtschaftssubjekten finanzielle Mittel in Form von Steuern und speziellen Leistungsentgelten. Die Tätigkeit dieses Sektors dient damit der Befriedigung fremder Bedürfnisse ebenso wie die der Unternehmen und der privaten Organisationen ohne Erwerbscharakter. Die privaten Haushalte dienen definitionsgemäß ausschließlich der Deckung des eigenen Bedarfs. Sie werden im Folgenden nicht näher betrachtet.

Ein wesentliches Kriterium für eine Abgrenzung und Unterscheidung der Sektoren mit Fremdbedarfsdeckung sind die Oberziele, die sie mit ihrer Leistungserstellung und -abgabe verfolgen und dabei insbesondere die Art ihrer Zielgrößen (siehe nachfolgende Abbildung).

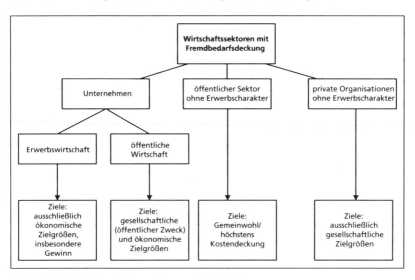

Abb. 1: Wirtschaftssektoren (eigene Abb. 2018)

1.1.3.1.1 Unternehmen

1.1.3.1.1.1 Erwerbswirtschaft

Die **Erwerbswirtschaft** ist der erste Teilsektor der Unternehmen:

- Zu diesem Teilbereich innerhalb des Unternehmenssektors gehören alle Unternehmen bzw. Betriebe, die ausschließlich ökonomische Zielgrößen verfolgen (Gewinn, Umsatz, Marktanteile etc.), wobei die Gewinnerzielung die dominierende Stellung einnimmt. Diese Betriebe befinden sich vollständig oder mehrheitlich in privater Hand und dienen primär dem Einkommenserwerb ihrer Eigentümer, weswegen sie als Erwerbswirtschaft bezeichnet werden. Dazu gehören die Unternehmen im Bereich der Automobilbranche (auch der Volkswagen Konzern, obwohl das Land Niedersachsen 20 % der Kapitalanteile hält), die privaten Großbanken, der Maschinenbau, die chemische und pharmazeutische Industrie etc.

Außerdem gehören hierzu nicht nur die Großunternehmen, sondern auch der Mittelstand bis hin zu den kleineren Handwerksbetrieben.

- Zum erwerbswirtschaftlichen Sektor werden auch genossenschaftliche Betriebe wie zum Beispiel Einkaufs- und Absatzgenossenschaften, Genossenschaftsbanken etc. gezählt. Diese Genossenschaften sollen nicht nur selbst Gewinne erzielen, sondern ebenso ihre Mitglieder bei deren Einkommenserwerb unterstützen, indem sie Leistungen für ihre Mitglieder zu kostengünstigen Bedingungen bereitstellen.

1.1.3.1.1.2 Öffentliche Wirtschaft

Die **Öffentliche Wirtschaft** ist der zweite Teilsektor der Unternehmen:

- Dieser Teilsektor umfasst alle Unternehmen bzw. Betriebe, die – so wie es im kommunalen Bereich bezeichnet wird – zur wirtschaftlichen Betätigung gehören. Charakteristisch für diese Art der Betätigung ist ein dualistisches Zielsystem. An erster Stelle haben sie einem öffentlichen Zweck bzw. Auftrag zu dienen. Soweit es die Zweckerfüllung zulässt, ist das nachgeordnete Ziel eine angemessene Gewinnerwirtschaftung.
- So heißt es in § 149 I NKomVG (gleichlautende Vorschriften sind auch in den GO der übrigen Bundesländer vorhanden): „Unternehmen sollen einen Ertrag für den Haushalt der Kommunen erwirtschaften, soweit dies mit ihrer Aufgabe der Erfüllung des öffentlichen Zwecks in Einklang zu bringen ist."
- Solche Vorschriften – vergleichbar mit denen in Nds. –, welche die wirtschaftliche Betätigung mit einer Gewinnerzielung verknüpfen, finden sich z. B. auch in folgenden Bundesländern:
  - Art. 95 I GO Bayern (gemeindliche Unternehmen sind unter Beachtung betriebswirtschaftlicher Grundsätze zu führen),
  - § 102 III GO Baden-Württemberg (Ertrag für den Haushalt),
  - § 100 I Brandenburg (Absicht der Gewinnerzielung),
  - § 121 VIII HGO Hessen (Überschuss für den Haushalt),
  - § 75 I GO Mecklenburg-Vorpommern (Ertrag für den Haushalt),
  - § 109 I GO Nordrhein-Westfalen (Ertrag für den Haushalt),
  - § 85 III Rheinland-Pfalz (Überschuss für den Haushalt),
  - § 116 I KSVG Saarland (Ertrag für den Haushalt),
  - § 94a IV GO Sachsen (Ertrag für den Haushalt),
  - § 107 GO Schleswig-Holstein (marktübliche Verzinsung des Eigenkapitals) und
  - § 75 I, II GO Thüringen (Ertrag für den Haushalt – marktübliche Verzinsung des Eigenkapitals mit zusätzlicher Rücklagenbildung).
- Nicht berücksichtigt sind die Verfassungen der Stadtstaaten Berlin, Bremen und Hamburg.
- Eine Definition zur Höhe des angemessenen Gewinns bzw. des Ertrags für den Haushalt der Kommune enthält § 149 II NKomVG: „Die Erträge jedes Unternehmens sollen mindestens alle Aufwendungen ein-

schließlich der marktüblichen Verzinsung des Eigenkapitals decken und Zuführungen zum Eigenkapital (Rücklagen) ermöglichen, die zur Erhaltung des Vermögens des Unternehmens sowie zu seiner technischen und wirtschaftlichen Fortentwicklung notwendig sind. Zu den Aufwendungen gehören auch

1. angemessene Abschreibungen,
2. die Steuern,
3. die Konzessionsabgabe,
4. die Zinsen für die zu Zwecken des Unternehmens aufgenommenen Schulden,
5. die marktübliche Verzinsung der von der Kommune zur Verfügung gestellten Betriebsmittel sowie
6. die angemessene Vergütung der Leistungen und Lieferungen von Unternehmen und Verwaltungszweigen der Kommune für das Unternehmen."

- Die Zuordnung der kommunalen Aufgaben zu den Kategorien der wirtschaftlichen und nicht-wirtschaftlichen Betätigung ist in den einzelnen Bundesländern z. T. unterschiedlich geregelt. So gilt in Rheinland-Pfalz – im Gegensatz zu allen anderen Bundesländern – die Einschränkung, dass nur Gewinne erwirtschaftet werden dürfen, wenn es sich bei der der wirtschaftlichen Betätigung zugrunde liegenden Aufgabe nicht um eine Pflichtaufgabe handelt. Da die Wasserversorgung in diesem Bundesland zu den gemeindlichen Pflichtaufgaben gehört, entfällt die Möglichkeit der Gewinnerzielung für diese Aufgabe. Für die Wasserversorgung gilt das Kostendeckungsprinzip des kommunalen Abgabenrechts. Damit ist diese Regelung für die Einwohner und Unternehmen von Rheinland-Pfalz ein ökonomischer Vorteil, für die Kommunen hingegen ein wirtschaftlicher Nachteil, da dadurch keine angemessenen Gewinne durch die Wasserversorgung zur Refinanzierung des Haushalts realisiert werden dürfen.
- Die Voraussetzungen für eine wirtschaftliche Betätigung sind eng gefasst. So heißt es zum Beispiel im Kommunalrecht des Landes Niedersachsen (§ 136 I NKomVG):
  „Die Kommunen dürfen sich zur Erledigung ihrer Angelegenheiten wirtschaftlich betätigen. Sie dürfen Unternehmen nur errichten, übernehmen oder wesentlich erweitern, wenn und soweit
  1. der öffentliche Zweck das Unternehmen rechtfertigt,
  2. die Unternehmen nach Art und Umfang in einem angemessenen Verhältnis zu
     a) der Leistungsfähigkeit der Kommunen und
     b) zum voraussichtlichen Bedarf
     stehen und
  3. der öffentliche Zweck **nicht besser und wirtschaftlicher** durch einen privaten Dritten erfüllt wird oder erfüllt werden kann.

Satz 2 Nr. 3 gilt nicht für die wirtschaftliche Betätigung zum Zweck der Energieversorgung, der Wasserversorgung, des öffentlichen Personennahverkehrs sowie der Einrichtung und des Betriebs von Telekommunikationsnetzen einschließlich des Erbringens von Telekommunikationsdienstleistungen insbesondere für Breitbandtelekommunikation. Betätigungen nach Satz 3 sind durch einen öffentlichen Zweck gerechtfertigt. Zur Erfüllung des öffentlichen Zwecks nach Satz 2 Nr. 1 darf die Kommune Betätigungen nach Satz 3 auf Gebiete anderer Kommunen erstrecken, wenn deren berechtigte Interessen gewahrt sind; Betätigungen zum Zweck der Wasserversorgung bedürfen des Einvernehmens der betroffenen Kommune. Bei gesetzlich liberalisierten Betätigungen gelten nur die Interessen als berechtigt, die nach den maßgeblichen Vorschriften eine Einschränkung des Wettbewerbs zulassen. Wirtschaftliche Betätigungen der Kommune zur Erzeugung von Strom aus erneuerbaren Energien zu dem in § 1 des Erneuerbare-Energien-Gesetzes genannten Zweck sind abweichend von den Sätzen 1 bis 4 auch zulässig, wenn nur die Voraussetzungen des Satzes 2 Nr. 2 Buchst. a vorliegen. Für Betätigungen nach Satz 7 gelten die Sätze 5 und 6 entsprechend.
Die Beschränkung nach Satz 2 Nr. 3 dient auch dem Schutz privater Dritter, die sich entsprechend wirtschaftlich betätigen oder betätigen wollen." Zusätzlich ist das Klagerecht für Private gegen die wirtschaftliche Betätigung der Kommune abgeschafft worden (vgl. o. V.: Wirtschaftliche Betätigung, S. 1).
Damit hat die Landesregierung von Niedersachsen 2016 eine Neufassung von § 136 NKomVG in der Form vorgenommen, wie dieser bis 2004 inhaltlich formuliert war, dass die Gründung oder Übernahme eines wirtschaftlichen Unternehmens nur verboten wird, wenn ein Privater die mit der Unternehmenserrichtung verfolgte öffentliche Aufgabe besser und wirtschaftlicher als ein kommunaler Träger erfüllen kann.
Außerdem wurde die Versorgung mit Breitbandtelekommunikation als wirtschaftliche Betätigung erlaubt und eine Lockerung des Örtlichkeitsprinzips in der Energie- und Wasserversorgung, des ÖPNV und der Telekommunikation vorgenommen, wenn berechtigte Interessen anderer Kommunen gewahrt bleiben (vgl. Mohl, A.: Kabinettsbeschluss, o. S.).
Kommunale Unternehmen müssen also nicht mehr besser und wirtschaftlicher als private Unternehmen sein. Gleich gut zu sein, ist mit der Gesetzänderung wieder ausreichend, um wirtschaftlicher Betätigung nachgehen zu dürfen. Diese Gesetzänderung ist bei den Industrie- und Handwerkskammern sowie beim Steuerzahlerbund Niedersachsen nicht unumstritten, wird dagegen aber von den kommunalen

Spitzenverbänden Niedersachsens begrüßt (vgl. o. V.: Kammern, S. 1; o. V.: Kommunale Pleiten, S. 1).

- Welche öffentlichen Aufgaben zur wirtschaftlichen Betätigung gehören, ist in den Gemeindeordnungen/Kommunalverfassungen der Länder nicht explizit aufgeführt. Stattdessen findet sich dort eine Negativabgrenzung.

So sind in § 136 III NKomVG alle Aufgaben genannt, die **nicht** zur wirtschaftlichen Betätigung gehören und somit nicht mit der Absicht einer angemessenen Gewinnerzielung erbracht werden dürfen. Dazu gehören z. B.

- „Einrichtungen, zu denen die Kommune gesetzlich verpflichtet ist,
- Einrichtungen des Unterrichts-, Erziehungs- und Bildungswesens, des Sports und der Erholung, des Gesundheits- und Sozialwesens, des Umweltschutzes sowie solche ähnlicher Art und
- Einrichtungen, die als Hilfsbetriebe ausschließlich der Deckung des Eigenbedarfes der Kommune dienen."

Wie aus der obigen Abgrenzung der wirtschaftlichen Betätigung ersichtlich ist, gehört im kommunalen Bereich die **Ent**sorgung zur nichtwirtschaftlichen Betätigung, dagegen stellt die **Ver**sorgung eine wirtschaftliche Betätigung dar.

Beispiele für Unternehmen bzw. Betriebe der öffentlichen Wirtschaft, im Folgenden als öffentliche Betriebe bezeichnet, sind im kommunalen und staatlichen Bereich:

- Versorgungsunternehmen (Gas, Strom, Wasser, ÖPNV), die als Stadtwerke der Daseinsvorsorge dienen,
- das öffentlich-rechtliche Kreditgewerbe (kommunale Sparkassen, Landesbanken, Spezialbanken auf Bundesebene wie z. B. die Kreditanstalt für Wiederaufbau),
- staatliche Lotto- und Toto-Gesellschaften etc.

- Diese öffentlichen Betriebe werden als Eigengesellschaften bezeichnet, sofern sie als Kapitalgesellschaft (AG, GmbH) geführt werden und sich das Kapital zu 100 % in öffentlicher Hand befindet. Hier wird auch von einer Privatisierung im formellen Sinne gesprochen. Sie stellen gemischtwirtschaftliche Betriebe dar, falls private Anteilseigner mit einer Minderheitsbeteiligung vorhanden sind, was z. T. bei Stadtwerken zutrifft. Wenn ein Privater beteiligt ist, wird dies auch eine Privatisierung im teilmateriellen Sinne genannt.

Hervorgerufen durch die Finanznot der öffentlichen Haushalte, werden öffentliche Betriebe verstärkt von Eigengesellschaften in gemischtwirtschaftliche Betriebe überführt oder gehen mehrheitlich bis vollständig in private Hand über (sogenannter Verkauf des „Tafelsilbers"). Die kontroversen Diskussionen über solche Privatisierungen dauern an. Aber es gibt auch wiederum die Gegenbewegung der Privatisierung: Die Rekommunalisierung oder Verstaatlichung von

materiell (teil)privatisierten Ver- und Entsorgungsunternehmen (z. B. Berliner Wasserbetriebe, Thüga Holding GmbH und Co. KGaA).
- Die öffentliche Wirtschaft ist einem starken politischen und ökonomischen Druck ausgesetzt. So werden zum einen die Wettbewerbsverzerrungen zwischen privaten und öffentlichen Anbietern kritisiert, was zu einer weitgehenden Liberalisierung der Strom- und Telekommunikationsmärkte durch die Erlasse der EU-Wettbewerbskommission geführt hat. Dadurch sind vornehmlich die Gebietsmonopole der Versorgungsunternehmen entfallen.
In diesem Zusammenhang gehört auch die Abschaffung der Gewährträgerhaftung (Vollhaftung des Landes- bzw. Kommunalhaushalts für Landesbanken bzw. Sparkassen) und der Anstaltslast (Pflicht der öffentlichen Hand zur adäquaten Kapitalausstattung ihrer Bank) beim öffentlich-rechtlichen Kreditgewerbe.
- Von den öffentlichen Betrieben sind die sogenannten gemeinwirtschaftlichen Betriebe abzugrenzen, die eine ähnlich gelagerte dualistische Zielsetzung verfolgen, sich aber vollständig in privater Hand befinden. Dazu gehören beispielsweise die früheren Gewerkschaftsunternehmen (Neue Heimat, Coop, Bank für Gemeinwirtschaft etc.). An die Stelle des öffentlichen Auftrags tritt die preisgünstige Bereitstellung verschiedener Güter insbesondere für einkommensschwächere Schichten in der Arbeitnehmerschaft, so z. B. die Bereitstellung von Wohnraum, Konsumgütern, Finanzdienstleistungen etc. Ebenso wie bei den öffentlichen Betrieben ist auch hier ein angemessener Gewinn zu erwirtschaften. Diese Konzeption hat sich in der Praxis aus vielerlei Gründen als nicht überlebensfähig erwiesen, sodass dieser Bereich mittlerweile nur noch in rudimentären Formen existiert, z. B. gibt es im Wohnbereich viele Wohnungsbaugenossenschaften, etwa der Spar- und Bauverein eG und Heimkehr eG in Hannover und die Genossenschaftsbanken in Deutschland (z. B. Sparda-Banken).

1.1.3.1.2 Öffentlicher Sektor ohne Erwerbscharakter

Der **öffentliche Sektor ohne Erwerbscharakter** lässt sich wie folgt charakterisieren:
- Zu diesem Sektor gehören alle Organisationseinheiten, die für die Wahrnehmung der genannten staatlichen Grundfunktionen (Legislative, Judikative, Exekutive) vorgehalten werden, und damit auch die gesamte öffentliche Verwaltung als Teil der Exekutive.
- Das Verwaltungshandeln hat als oberstes Ziel ausschließlich für das Gemeinwohl bzw. die allgemeine Wohlfahrt zu sorgen. Soweit ökonomische Zielsetzungen verfolgt werden, geht es grundsätzlich nicht um Gewinnerzielung, sondern um die Finanzierung der Produktion von Verwaltungsleistungen. Hier ist das gesamte Finanzierungsspektrum vorhanden: Von der Erhebung kostendeckender Leistungsentgelte bis

hin zur vollständigen Finanzierung aus allgemeinen Deckungsmitteln (Steuern, allgemeine Abgaben und Zuweisungen etc.), d. h. der Bereitstellung der Leistung zum Nulltarif:

- Eine **vollständige Finanzierung durch kostendeckende Leistungsentgelte** existiert z. B. bei den kommunalen Entsorgungsbetrieben (Abwasser-, Abfallbeseitigung etc.), aber auch bei staatlichen Verwaltungseinrichtungen (Kraftfahrtbundesamt, Staatliche Materialprüfungsämter etc.).
- Eine **Abgabe öffentlicher Leistungen zum Nulltarif** wird angeboten. Der Nulltarif, d. h. keine Erhebung irgendwelcher Leistungsentgelte, gilt z. B. für Schulen, Straßen, öffentliche Parks und Grünanlagen, wobei diese vollständige Finanzierung aus allgemeinen Deckungsmitteln eine stark abnehmende Tendenz aufweist.
- Zwischen **kostendeckenden Leistungsentgelten und Nulltarif** existiert eine Mischform, bei der die Leistungen aus beiden Bereichen finanziert werden, wobei die Relationen zwischen Finanzierung aus nicht kostendeckenden Entgelten und allgemeinen Deckungsmitteln sehr unterschiedlich sein können. Diese Art der Finanzierung gilt für Theater, Museen, öffentliche Bäder und Freizeiteinrichtungen, Kindertagesstätten etc.

1.1.3.1.3 Organisationen ohne Erwerbscharakter

Der Sektor **Organisationen ohne Erwerbscharakter** lässt sich wie folgt beschreiben:

- Dies sind Einrichtungen mit ausschließlich wohltätigen und gesellschaftlichen Zielsetzungen auf kulturellen, sozialen und ökologischen Gebieten. Ihre Hauptfinanzierungsquellen sind Mitgliedschaften und vorrangig Spenden (Fundraising).
- Diese Organisationen werden auch als Non-Profit-Organisationen (NPO) bezeichnet. Dazu gehören Kirchen, religiöse und weltanschauliche Vereinigungen, karitative, kulturelle, wissenschaftliche Organisationen, die überwiegend von Privathaushalten finanziert werden, und im Erziehungswesen tätige Organisationen, wie z. B. freie Wohlfahrtspflege, politische Parteien, Gewerkschaften, Sportvereine, gesellige Vereine etc.

1.1.3.2 Abgrenzung von öffentlichen und privaten Aufgaben

Die bereits zuvor erläuterten **volkswirtschaftlichen Sektoren** konzentrieren sich in erster Linie auf Aufgaben der Leistungserbringung mit dem Ziel der Realisierung ihrer Oberziele. Besonders bedeutsam sind vor allem solche Aufgaben, die innerhalb des öffentlichen Sektors erfüllt werden und somit dem Aufgabenkomplex der öffentlichen Verwaltung angehören.

Auf welche der Aufgaben das zutrifft, gilt es herauszufinden, sodass sich die Frage stellt: Inwiefern können die unterschiedlichen Aufgaben aus dem Gesamtbestand ihren Arten nach als **öffentliche Aufgaben** bezeichnet werden? Für die Beantwortung ist es notwendig, dass Merkmale und Kriterien zur Abgrenzung der öffentlichen Aufgaben von den übrigen Aufgaben festgelegt werden:

- Ein Merkmalskriterium ist das der **Lebensnotwendigkeit.** Dieses Kriterium besagt, dass lebensnotwendige Aufgaben dem öffentlichen Sektor zugeordnet werden, während nicht lebensnotwendige den übrigen Sektoren zukommen, insbesondere den privat- bzw. erwerbswirtschaftlichen Institutionen und Unternehmen, den Privathaushalten oder auch den Organisationen ohne irgendeinen Erwerbscharakter. Realistisch gesehen ist es jedoch unmöglich, dieses Kriterium klar und eindeutig abzugrenzen. Gewiss obliegen die lebensnotwendigen Aufgaben, wie beispielsweise Entsorgungsdienstleistungen, Schulbildung oder die Gewährleistung der Sicherheit, einerseits dem öffentlichen Sektor. Andererseits fallen Aufgaben, die gleichermaßen lebensnotwendig sind, wie etwa die Lebensmittelerzeugung und -versorgung, die Finanzwirtschaft oder der Zahlungsverkehr, in die Zuständigkeitsbereiche vollständig oder weitestgehend privatwirtschaftlich handelnder Unternehmen. Eine Eindeutigkeit und Ausschließlichkeit der Zuordnung kann jedoch auch so nicht gewährleistet werden, da zum Teil auch private Dienstleistungsbetriebe mit Entsorgungsmaßnahmen oder auch Sicherheitsdienstleistungen betraut werden.
- Ein **zweites** – eher theoretisch ausgerichtetes – **Merkmalskriterium** der Abgrenzung liegt der **Theorie des Marktversagens** zugrunde und ist aus der Finanzwissenschaft hervorgegangen.

Diesem Ansatz zufolge sind Eingriffe des Staats in denjenigen Bereichen notwendig, die einem Versagen des Markts unterliegen. Mit anderen Worten bedeutet dies, dass der Marktmechanismus in diesem Fall keine zufriedenstellenden Ergebnisse erbringt.

Das ist in den Fällen naheliegend,

- falls **öffentliche Güter** produziert werden,
- falls in beträchtlichem Umfang **externe Effekte** entstehen und/oder
- falls **verzerrte Präferenzen** und/oder **unerwünschte Marktergebnisse** vorliegen.

Für **öffentliche Güter** sind der nicht rivalisierende Konsum sowie das fehlende Ausschlussprinzip bzw. die Optionslosigkeit, jemanden am Konsum nicht teilhaben zu lassen, kennzeichnend. Es betrifft u. a. die Leistungen im Bereich der öffentlichen Sicherheit und Ordnung, Küstenschutzmaßnahmen oder die Verteidigung der Landesgrenzen, da diese Art von Leistungsproduktion jeder natürlichen und juristischen Person unweigerlich zugutekommt. Natürliche und juristische Personen können aus solchen Produkten und Dienstleistungen einen Nutzen ziehen, unabhängig davon, ob sie dafür eine Gegenleistung erbringen oder nicht.

Bei einem **externen Effekt** handelt es sich um die positive oder negative Auswirkung von Konsumenten- und Produktionsverhalten, bei dem die Beziehung zwischen Produzent bzw. Verursacher und Konsument bzw. Leidtragendem nicht über den Markt bzw. den Preis zustande kommt, d. h. eine eventuelle „Schieflage" spiegelt sich nicht am Markt wider und kann infolgedessen auch nicht durch ihn ausgeglichen werden. Das gilt beispielsweise für die Minimierung der Seuchengefahr durch die kommunale Abwasserbeseitigung und Entsorgung.

Von **verzerrten Präferenzen** ist die Rede, wenn Individuen als Konsumenten den „wahren" Nutzen eines Guts nicht wertschätzen können, sodass der eigentliche „Wert" dieses Produkts in besonderer Weise vermittelt und gefördert werden muss. Davon betroffen ist u. a. der Besuch der Kindertagesstätte, die allgemeine Schulpflicht bis zu einem bestimmten Lebensalter oder die Anwesenheitspflicht bei bestimmten Lehrveranstaltungen in der Hochschule.

1.1.3.2.1 Theorie der öffentlichen Güter

Die **Theorie der öffentlichen Güter** konzentriert sich auf eine **effiziente Ressourcenallokation** im öffentlichen Sektor. Ihre Denkansätze sind für den öffentlichen Sektor so maßgeblich und zentral, wie die der Haushalts- und Produktionstheorie für den privaten Sektor (vgl. Musgrave, R. A., Musgrave, P. B. und Kullmer, L. L.: Finanzen, S. 60):

Letztere befasst sich mit der Erläuterung der Begrifflichkeiten von Allokation, Produktion und Distribution **privater Güter**. Allokation und Distribution erfolgen über den Markt; produziert wird für den Markt. Private Güter sind zum einen gekennzeichnet durch die Wirksamkeit des **Ausschlussprinzips** und zum anderen durch die **Rivalität des Konsums**:

- Die Wirksamkeit des Ausschlussprinzips besagt, dass ein Wirtschaftssubjekt A nur seinem Konsumwunsch nachgehen kann, wenn es bereit ist, einen Preis dafür zu bezahlen, während das Wirtschaftssubjekt B vom Konsum ausgeschlossen wird, weil es nicht zahlungswillig ist.
- Die Rivalität des Konsums bedeutet, dass nur A einen positiven und/ oder negativen Nutzen vollständig erhält, der aus dem Verbrauch oder auch Gebrauch des von ihm selbst, d. h. von A erworbenen Guts entsteht, mit der Konsequenz, dass eine Internalisierung des Nutzens stattfindet. Weder profitiert B, noch wird ihm geschadet.

Aus diesen Überlegungen heraus entsteht Folgendes: Die Nachfrager zahlen für jede Einheit des Guts den **gleichen Preis**, konsumieren jedoch in **unterschiedlichen Mengen**. Die bestmögliche Effizienz als optimale Marktlösung wird erreicht, wenn für jeden Konsumenten die Grenzkosten dem Grenznutzen entsprechen, was so viel bedeutet wie, dass jeder Konsument sich folglich im Verbrauchsoptimum befindet (vgl. Hoyer, W.

und Rettig, R.: Grundlagen, S. 43 ff.; Varian, H. R.: Mikroökonomie, S. 12 ff.; Sohmen, E.: Allokationstheorie, S. 73 f.).

Ein Versagen des Marktmechanismus' und somit des „Markts" ist gegeben, sofern auch nur eines der genannten Kriterien nicht gegeben ist:

- Wenn ein Konsument nicht ausgeschlossen werden kann, hat dies zur Folge, dass dieser das Gut ohne zu zahlen nutzt. Daher sind die Nachfrager ggf. nicht bereit, ihre (**wahren**) **Präferenzen** offen zu legen, weil sie bei einer großen Anzahl potenzieller Nutznießer nur einen **geringen Einfluss** auf die bereitgestellte Menge haben. Eine Beteiligung an der Finanzierung durch die Nachfrager ist aus diesem Grund nicht gegeben, weshalb eine effektive Nachfrage für das Gut nicht realisiert wird.

- Von einer **Nicht-Rivalität** des Konsums ist die Rede, wenn allen Konsumwilligen im Rahmen der Kapazitätsgrenze die gleichen Nutzungsmöglichkeiten ohne gegenseitige Behinderung zukommen. Da der Nutzen nicht internalisiert wird, ist keine Zahlungsbereitschaft seitens der Nachfrager vorhanden. Weil die Grenzkosten innerhalb der Kapazitätsgrenze gleich Null sind, ist auch der Preis des Guts mit Null angesetzt. Ein häufiges Beispiel aus der Fachliteratur ist das der Brücke (vgl. Musgrave, R. A., Musgrave, P. B. und Kullmer, L. L.: Finanzen, S. 62). Nutzer A beeinträchtigt den Nutzer B solange nicht, wie die Brücke nicht überfüllt ist. Der Ausschluss eines Nutzers wäre ökonomisch nicht sinnvoll, obwohl er rein technisch möglich ist.

Wenn weder das Ausschlussprinzip noch die Rivalität des Konsums zutreffen, handelt es sich um **rein öffentliche Güter**. Die volkswirtschaftliche Theorie spricht von einer **optimalen Versorgung** mit öffentlichen Gütern, wenn die **Summe** der Grenznutzen und die Summe der Grenzkosten identisch ist.

Sowohl die sogenannten **rein privaten** als auch die **rein öffentlichen Güter** können als theoretische Grenzfälle angesehen werden. In der Realität existieren normalerweise Mischgüter mit vornehmlich privaten oder öffentlichen Merkmalen (Wittmann, W.: Öffentliche Finanzen, S. 17). Für **Mischgüter** mit mehrheitlich öffentlichen Merkmalen ist außerdem die Zahl der potenziellen Nutzer von entscheidender Bedeutung. Meist handelt es sich dabei um lokale öffentliche Güter wie Park- und Grünanlagen oder Schwimmbäder. Die Bedingungen für ein Optimum, die für rein öffentliche Güter gelten, sind auch für lokale öffentliche Güter von Relevanz.

Die nachfolgende Abb. verdeutlicht das zuvor diskutierte Güterspektrum:

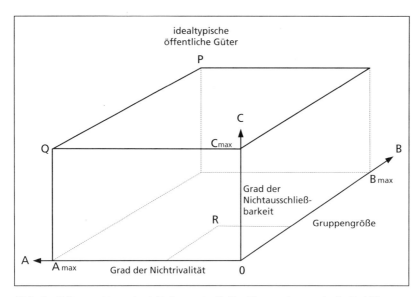

Abb. 2: Güterspektrum (vgl. Brümmerhoff, D.: Finanzwissenschaft, S. 112; Loehr, W. und Sandler, T.: Public Goods, S. 17)

Nach dem Konzept der öffentlichen Güter ist bei Marktversagen durch die **Nichtanwendbarkeit des Ausschlussprinzips** und der **Nicht-Rivalität des Konsums** staatliches Handeln gefordert. Um optimale Lösungsansätze zu finden und umsetzen zu können, ist es für die öffentliche Verwaltung unabdingbar, die wahren Vorlieben der Bürger zu ergründen. Sofern diese wahren Bürgerpräferenzen für die öffentlichen Güter bekannt sind, kann der Staat die vom einzelnen Konsumenten zu zahlenden Steuern, Abgaben oder Beiträge mit den Präferenzen, d. h. mit der Zahlungsbereitschaft, aufeinander abstimmen. Auf diese Weise kann ein unbezahlter Konsum, auch bekannt als **„free-rider"-Problem**, eingedämmt oder gar vermieden werden.

Sogenannte **Enthüllungsmechanismen** zur Ergründung der Präferenzen sind u. a.:

- indirekte oder direkte Umfragen,
- Wahlverfahren (vgl. Brümmerhoff, D.: Finanzwissenschaft, S. 123 ff.),
- „voting on foot", d. h. die Teilnahme an Entscheidungen für oder gegen etwas durch Hingehen, Weggehen oder Fernbleiben (vgl. Theurl, E.: Voting, S. 479 ff.) und
- Steuermechanismen (vgl. Varian, H. R.: Mikroökonomie, S. 264 ff.; Brümmerhoff, D.: Finanzwissenschaft, S. 104 ff.).

Die vorgestellten Modelle sind teilweise jedoch eher formell als praktikabel ausgerichtet, da ihr **praktischer Nutzen** aufgrund der häufig eingeschränkten Umsetzungsmöglichkeiten durch restriktive Bedingungen stark eingeschränkt ist.

Die Theorie der öffentlichen Güter unterstellt den Wirtschaftssubjekten eine bewusste Erkenntnis des Nutzens von öffentlichen Gütern. Daran lässt sich aber zweifeln, da ein Teil der öffentlichen Güter Präventivfunktionen besitzt und/oder unentgeltlich zur Verfügung gestellt wird. „Die Präferenzen für öffentliche Güter sind daher häufig nicht nur unbekannt, sondern bestehen überhaupt nicht, sind instabil, widersprüchlich, unreal, verschieden verteilt oder in solchem Maße abstrahiert, dass sie den politischen Entscheidungsträgern nicht weiterhelfen" (Brümmerhoff, D.: Finanzwissenschaft, S. 113).

1.1.3.2.2 Externe Effekte

Ein **externer Effekt** bezeichnet die positive oder negative Auswirkung von Konsumenten- und Produktionsverhalten, bei dem die Beziehung zwischen Produzent bzw. Verursacher und Konsument bzw. Leidtragendem nicht über den Markt bzw. den Preis zustande kommt, d. h. eine eventuelle „Schieflage" spiegelt sich nicht am Markt wider und kann infolgedessen auch nicht durch ihn ausgeglichen werden.

Externe Effekte können für den Empfänger daher **positive** oder **negative** Auswirkungen haben, da es sich

- zum einen um erwünschte bzw. nützliche Wirkungen oder
- zum anderen um unerwünschte bzw. schädigende Wirkungen beim Empfänger handelt.

Impfungen haben beispielsweise einen erheblichen positiven externen Effekt während Passivrauchen oder Umweltverschmutzungen negative externe Effekte hervorrufen.

Sofern ein Gut **ausschließlich externe Effekte** bewirkt, ist von einem öffentlichen Gut die Rede. In diesem Zusammenhang wird kein privates Wirtschaftssubjekt gewillt sein, den Konsumenten ein solches Gut bereitzustellen. Wenn sich trotz nennenswerter externer Effekte eine gewisse Entgeltlichkeit erzielen lässt, die aus einer individuell erbrachten Leistung erfolgt, werden auch private Dienstleister bzw. Wirtschaftsbetriebe bereit sein, hier als Produzenten und Anbieter auf dem Markt aktiv zu werden. Dies ist z. B. im Entsorgungsbereich der Fall, da es hier mittlerweile zahlreiche Privatunternehmen gibt, die Entsorgungsdienstleistungen mit der Absicht der Gewinnerzielung erbringen.

1.1.3.2.3 Unerwünschte Markteffekte

Des Weiteren können **unerwünschte Marktergebnisse** ein Abgrenzungskriterium zusätzlich zur Existenz öffentlicher Güter und externer Effekte darstellen. Diese sind i. d. R. das Resultat irrationaler Konsumentscheidungen und von falschen bzw. fehlenden Informationen und/oder verzerrten Präferenzen (vgl. Musgrave, R. A., Musgrave, P. B. und Kullmer, L. L.: Finanzen, S. 100 ff.; Brümmerhoff, D.: Finanzwissenschaft, S. 113).

Güter, deren Bereitstellung der Staat fördert oder auch behindert, werden als ,meritorisch' bzw. ,demeritorisch' bezeichnet (vgl. Musgrave, R. A., Musgrave, P. B. und Kullmer, L. L.: Finanzen, S. 100). Solche **meritorischen** Güter sind beispielsweise Bildung, Gesundheit und Sozialversicherungswesen. Im Gegensatz dazu handelt es sich bei **demeritorischen** Gütern um solche, deren Nutzen als gering angesehen wird, d. h. die mit einem negativen Nutzen bzw. Schaden verbunden werden, z. B. Rauschgift oder ähnliche Suchtmittel.

Der Staat richtet seine Handlungsgrundlagen in diesem Fall nicht an den individuellen Präferenzen der Konsumenten aus, sondern er orientiert sich an den Präferenzen der politischen Entscheidungsträger. Letztere gehen davon aus, dass ihre Präferenzen denen der Konsumenten moralisch überlegen sind.

Die Förderung oder auch die Behinderung der jeweiligen (de)meritorischen Güter ist somit **normativ** abgesichert, da diesbezügliche Rechtsgrundlagen vorhanden sind. Die Zuweisung von finanziellen Mitteln durch den Staat ist das Ergebnis von politischen Entscheidungsprozessen. **Missbrauch** kann aus Konsumentensicht nur verhindert werden, wenn

- Informationsmonopole unterbunden werden,
- eine Transparenz hinsichtlich der Einflussnahme politischer Entscheidungsträger auf die Präferenzen der Konsumenten gegeben ist,
- die Struktur der Produktion und des Konsums meritorischer und demeritorischer Güter für die Konsumenten nachvollziehbar ist und
- eine Teilhabe der Konsumenten am politischen Entscheidungsprozessen und somit an den staatlichen Allokationsaktivitäten gewährleistet ist

(vgl. Timm, H.: Allokationspolitik, S. 155 ff.).

Nur so können die normative Theorie (de)meritorischer Güter und das individualistische Grundkonzept marktwirtschaftlicher Ordnung miteinander vereinbart werden (vgl. Gornas, J. und Beyer, W.: Betriebswirtschaft in der öffentlichen Verwaltung, S. 4 ff.).

1.1.4 Öffentliche Verwaltung in betriebswirtschaftlicher Sicht

Eine nach Institutionen ausgerichtete betriebswirtschaftliche Analyse der öffentlichen Verwaltung knüpft vor allem an den **organisatorischen Verwaltungsbegriff** an. In der entscheidungsorientierten Sicht stehen hingegen die **materiellen** und **formellen** Dimensionen des Verwaltungshandelns im Fokus.

„**Betriebswirtschaftliche Betrachtung**" bedeutet eine einzelwirtschaftliche (mikroökonomische) Sichtweise, d. h. der Komplex der öffentlichen

Verwaltung wird nicht in seiner Ganzheit analysiert. Vielmehr stehen die einzelnen Organisationseinheiten dieses Konstrukts, die öffentlichen Institutionen, Behörden, Dienststellen etc., im Vordergrund. Genauer betrachtet werden in diesem Zusammenhang nicht nur interne Strukturen und Prozesse, sondern auch ihre Umweltbeziehungen als Informationssysteme sowie ihre Funktionen als Leistungsempfänger und Leistungsanbieter.

Das Handeln in diesen Organisationseinheiten steht unter dem Primat des Wirtschaftens, wie das auch in den Betrieben der anderen Sektoren der Volkswirtschaft – wegen der Knappheit der Ressourcen und der prinzipiellen Unbegrenztheit der Bedürfnisse – der Fall ist. Dies geschieht unter dem Aspekt der ökonomischen Rationalität, d. h. der Wirtschaftlichkeit des Verwaltungshandelns sowie unter Einsatz von Produktionsfaktoren und der Orientierung an Maßstäben der finanziellen Leistungsfähigkeit. Aufgrund dieses Sachverhalts werden in der Literatur die Organisationseinheiten der öffentlichen Verwaltung in betriebswirtschaftlicher Sicht als **Öffentliche Verwaltungsbetriebe (ÖVB)** bezeichnet.

Damit wird auch das betriebswirtschaftliche Erkenntnisinteresse am Erfahrungsobjekt „öffentliche Verwaltung" deutlich. Dieses Erkenntnisinteresse richtet sich somit auf die **wirtschaftende Dimension** des Verwaltungshandelns. Darüber hinaus ist die öffentliche Verwaltung Erfahrungsobjekt in anderen Wissenschaften, wie z. B. in der Politikwissenschaft, in den Sozialwissenschaften oder in der Rechtswissenschaft etc., dort jedoch mit anderen Erkenntnisinteressen.

Diese Ausrichtung auf das wirtschaftende Verwaltungshandeln ist nicht gleichzusetzen mit einer isolierten Betrachtungsweise. Im Sinne eines wirtschaftlichen Verwaltungshandelns ist es angebracht, die Zusammenhänge mit anderen Denkweisen (z. B. politischer Rationalität) zu berücksichtigen und auch die Kooperationen bzw. die Interdependenzen mit anderen Organisationseinheiten, die staatliche Grundfunktionen erfüllen, miteinzubeziehen. Dies gilt insbesondere für die vielschichtigen Beziehungen zwischen den politischen Gremien/Leitungsorganen und den Öffentlichen Verwaltungsbetrieben (ÖVB). Erst eine umfassende Betrachtung von Politik und Verwaltung ermöglicht ein zutreffendes Gesamtbild des öffentlichen Handelns.

1.2 Öffentliche Aufgaben als Grundlage des Verwaltungshandelns

1.2.1 Begriff und Abgrenzung

Im Mittelpunkt des wirtschaftenden Handelns der öffentlichen Verwaltung und ihrer Teileinheiten, den Öffentlichen Verwaltungsbetrieben (ÖVB), steht die Erfüllung öffentlicher Aufgaben, nicht als Selbstzweck, sondern als Mittel zur Realisierung der administrativen und politischen

Handlungsziele. Dazu ist es notwendig, den Begriff und die Abgrenzung öffentlicher Aufgaben zu präzisieren.

Die durchaus komplexen Tätigkeiten und Aufgaben der öffentlichen Verwaltung lassen sich letztlich mittels Abstraktion auf vier Tätigkeitsbereiche zurückführen und können deshalb den folgenden vier öffentlichen Aufgabenbereichen zugeordnet werden:

- der Planung (gesellschaftlichen und staatlichen Handelns)
- der Kontrolle und Strukturierung (individueller Handlungen bzw. Gruppenhandlungen)
- der Bewilligung und Vergabe (von Leistungen an Bedürftige)
- der Unterstützung (gesellschaftlicher Projekte)

Die **öffentlichen Aufgaben**, teilweise auch **öffentliche Angelegenheiten** oder **staatliche Aufgaben** genannt, sind äußerst vielseitig:

- Bull definiert eine Aufgabe als „dasjenige Element, das eine Vielzahl menschlicher Handlungen oder von Menschen bewirkter Ereignisse (Prozesse) auf ein Ziel oder einen Zweck hin ausrichtet (orientiert) und ihnen damit einen spezifischen Sinn gibt" (Bull, H. P.: Verwaltungsaufgaben, S. 1).
- Mäding beschreibt Aufgaben als „jeweils genau umschriebene, zweckbezogene Handlungspflichten oder Befugnisse öffentlicher Organe, die durch die Tätigkeit bestimmter Stellen mit bestimmten Mitteln erfüllt werden" (Mäding, E.: Aufgaben, S. 261).

Die Definitionen nach Bull und Mäding haben zwei unterschiedliche Sichtweisen:

- Bull sieht bei Aufgaben die zielorientierte **Funktion** menschlichen Handelns im Vordergrund und weniger ihre inhaltlichen Dimensionen.
- Mäding akzentuiert mehr die **inhaltliche** und **substantielle** Seite von Aufgaben: Er sieht Aufgaben als Pflichten und Kompetenzbereiche, die in ihren Sachbereichen ein aktives Handeln und somit einen Ressourceneinsatz erfordern.

1.2.2 Bildung und Systematisierung

Die zuvor beschriebenen Sachverhalte sind aus theoretischen Ansätzen hergeleitet und haben somit einen wesentlichen Einfluss auf die Entscheidungsfindung. Allerdings können dadurch keine politischen Entscheidungen ersetzt werden, die auf eine Aufschlüsselung der Aufgaben abzielen, d. h. es ist demnach zu unterscheiden, welche Aufgaben als öffentlich zu bestimmen sind und daher in den Zuständigkeitsbereich des öffentlichen Sektors fallen und welche nicht. Nach Püttner kann es daher keine **Abgrenzung** zwischen privaten und öffentlichen Aufgaben geben, weder durch eine Verfassungsinterpretation noch durch eine allgemeingültige sozialwissenschaftliche Festlegung (vgl. Püttner, G.: Verwaltungslehre, S. 35 ff.).

Folgende Aspekte können bei der politischen Entscheidung berücksichtigt werden:

- die in der Verfassung verankerten Staatsziele bzw. der gesamtstaatliche Zielrahmen
- die Interpretation der Verfassung
- die Wahrung des öffentlichen Gemeininteresses
- die vorhandenen und künftig zu erwartenden wirtschaftlichen, sozialen oder ökologischen Schwierigkeiten
- die persönlichen Interessen sowie politische Grundsätze und Ideale der Entscheidungsträger

Den Schwerpunkt bilden die sogenannten wahren öffentlichen Gemeininteressen. Kluth definiert diesen Begriff als „die irrtumsfrei erkannten Interessen der Gemeinschaft zur Schaffung oder Bewahrung eines den jeweiligen Verhältnissen entsprechenden, materiellen Rechtszustandes, wie er in den rechtlichen Wertvorstellungen und Zielsetzungen zum Ausdruck kommt." (Wolff, H. J., Bachof, O., Stober, R. und Kluth, W.: Verwaltungsrecht, S. 325, § 29, 8).

Für die Wahrung des öffentlichen Gemeininteresses steht häufig der Begriff des **Gemeinwohls**. „Der Inbegriff der danach vorzugswürdigen Gemeininteressen ist das **Gemeinwohl als Gegenstand des wahren Gemeininteresses**, in dem auch die kollidierenden Einzelinteressen ihren Ausgleich und Ruhepunkt finden" (Wolff, H. J., Bachof, O., Stober, R. und Kluth, W.: Verwaltungsrecht, S. 326, § 3, 9). Damit stehen sie in Widerspruch zu der Überzeugung, hinter dem Begriff des Gemeinwohls stehe eine „Leerformel".

Diese **Gemeininteressen** stehen im engen Zusammenhang mit den Staatszielen bzw. dem **gesamtstaatlichen Zielrahmen** des Grundgesetzes, d. h. der Sicherstellung bzw. Garantie von .

- Demokratieprinzip
- Rechtsstaatsprinzip
- Sozialstaatsprinzip
- Umweltschutzprinzip

Die sehr weit gefasste Formulierung der „Wahrung des öffentlichen Gemeininteresses" erfordert eine Präzisierung und Vervollständigung durch die weitestgehend subjektiven Grundsätze und Ideale der politischen Entscheidungsträger. Maßgeblich sind dabei die gesellschaftlichen und wirtschaftlichen Prozesse und Verhältnisse, die vor dem Hintergrund des Gemeinwohls als maßgebliche Schwierigkeiten erkannt werden. Die politischen Entscheidungsträger müssen auf Grundlage dieser Erkenntnis dementsprechend reagieren und über die daraus resultierenden Aufgaben und deren Verteilung bestimmen.

Die Festlegung der öffentlichen Aufgaben ist somit kein Akt der Techno-kratie, sondern in hohem Maße politisch motiviert. Das Entscheidungs-monopol liegt hier bei den politischen Gremien, Parlamenten sowie Rä-ten, welche die Kompetenz besitzen, über einen gewissen Kernbestand öffentlicher Aufgaben hinaus, zwischen öffentlichen und privaten Aufga-ben abzugrenzen.

Es wäre nicht angemessen, die politischen Instanzen nur als Entschei-dungssubjekte anzuerkennen, die sich ausschließlich am Gemeinwohl ori-entieren. Auch persönliche Interessen und Ziele, wie das Machtbestreben, Einfluss und Reputation, spielen oftmals eine wesentliche Rolle bei der Entscheidungsfindung.

Die Übertragung der öffentlichen Aufgaben an die Exekutive ist ent-weder gesetzlich vorgegeben – etwa durch Rechtsverordnungen, Satzun-gen – oder erfolgt schlichtweg auf Veranlassung politischer Gremien (z. B. Rats- oder Parlamentsbeschlüsse).

Die Gesamtheit der öffentlichen Aufgaben vollständig zu gliedern und zu erfassen ist nicht möglich, ohne dass es zu Überlagerungen kommt. Eine sinnvolle Aufgliederung der Aufgaben erscheint aufgrund der Kom-plexität und Mehrdimensionalität der Fach- und Querschnittsaufgaben als unlösbares Problem. Bisherige Lösungsversuche gelten als additiv, ohne dass ihnen erkennbare und befriedigende Gliederungskriterien zu-grunde liegen (vgl. Thieme, W.: Verwaltungslehre, S. 117 ff.). I. d. R. be-schränken sich diese Gliederungen fast ausschließlich auf die mehr oder weniger institutionalisierten und auf Dauer angelegten Aufgaben, obwohl die öffentliche Verwaltung z. T. auch Aufgaben nachzugehen hat, die nur einmalig oder gelegentlich, ohne eine bestimmte Regelmäßigkeit, auftre-ten, wie beispielsweise die Organisation von Jubiläumsfeiern, die Ab-wrackprämie, die Bewältigung besonderer ‚Katastrophenfälle', Sanie-rungs- und Restaurierungsarbeiten etc.

Die relevanten additiven Systematisierungen sind:

- 1.2.2.1 der für Bund und Länder verbindliche (staatliche) **Funktionen-plan**
- 1.2.2.2 der für Kommunen nach Vorgaben der KGSt erstellte **Aufga-bengliederungsplan** für das Haushalts- und Rechnungswesen der Ka-meralistik
- 1.2.2.3 die für die Kommunen entwickelten **Produktrahmen** der ein-zelnen Flächenbundesländer (Produktorientierung)

1.2.2.1 Staatlicher Funktionenplan

Der **staatliche Funktionenplan** gliedert gemäß § 14 II BHO bzw. z. B. § 14 II LHO Niedersachsen (gleichlautende Maßstäbe existieren auch in den übrigen Bundesländern) die Einnahmen und Ausgaben des Haushalts-plans nach Aufgabenbereichen. Der Aufbau des Funktionenplans besteht aus einer Gliederung in drei Ebenen (z. B. 0, 01, 001), wobei jede Ebene maximal bis neun gehen kann. D. h. dieser Funktionenplan ist formal dreistufig und dekadisch aufgebaut sowie nach den folgenden zehn Kriterien der staatlichen Aufgaben schwerpunktmäßig zusammengestellt (aufgeführt wird allerdings nur die erste Ebene):

0 Allgemeine Dienste
1 Bildungswesen, Wissenschaft, Forschung, kulturelle Angelegenheiten
2 Soziale Sicherung, Familie und Jugend, Arbeitsmarktpolitik
3 Gesundheit, Umwelt, Sport und Erholung
4 Wohnungswesen, Städtebau, Raumordnung und kommunale Gemeinschaftsdienste
5 Ernährung, Landwirtschaft und Forsten
6 Energie- und Wasserwirtschaft, Gewerbe, Dienstleistungen
7 Verkehrs- und Nachrichtenwesen
8 Finanzwirtschaft

Als Beispiel für die zweite Ebene des Funktionenplans ist die Aufgliederung von „0 Allgemeine Dienste" dargestellt:

01 Politische Führung und zentrale Verwaltung
02 Auswärtige Angelegenheiten
03 Verteidigung (nur Bund)
04 Öffentliche Sicherheit und Ordnung
05 Rechtsschutz
06 Finanzverwaltung

Als Beispiel für die unterste Ebene dieses Funktionenplans ist die Aufgliederung von „04 öffentliche Sicherheit und Ordnung" dargestellt:

042 Polizei
043 Öffentliche Ordnung
044 Brandschutz
045 Bevölkerungs- und Katastrophenschutz
046 Wetterdienst
047 Schutz der Verfassung
048 Versorgung einschließlich Beihilfen für Versorgungsempfänger im Bereich der öffentlichen Sicherheit und Ordnung

(vgl. Bundesfinanzministerium: Funktionenplan, S. 1 ff.)

Der **staatliche Funktionenplan** erleichtert im Wesentlichen lediglich die Aufstellung und Auswertung von Statistiken über Haushaltsdaten und ist daher weder richtungsweisend für die Haushaltssystematik noch ist er unmittelbar auf Organisationseinheiten abgestimmt. Der staatliche Funktionenplan ist anzuwenden, wenn ein kamerales Haushalts- und Rechnungswesen vorhanden ist. Auch bei einem doppischen Haushalts- und Rechnungswesen haben Bund und Länder zur Erfüllung finanzstatistischer Anforderungen einschließlich der volkswirtschaftlichen Gesamtrechnungen sowie für sonstige Berichtspflichten die Plan- und Ist-Daten nach dem staatlichen Funktionenplan zur Verfügung zu stellen (vgl. Bundesfinanzministerium: Funktionenplan, S. 1).

Der Verwaltungsaufbau im Bund und in den Ländern mit den einzelnen Organisationseinheiten ist nicht gleichzusetzen mit einer organisatorischen Umsetzung des staatlichen Funktionenplans.

Dagegen war die Bedeutung des kommunalen Aufgabengliederungsplans viel umfassender, denn er hatte nicht nur die Systematik des kameralen Kommunalhaushalts geprägt, sondern war durch seine Transformation in den kommunalen Verwaltungsgliederungsplan unmittelbar maßgeblich für den Verwaltungsaufbau bei den Kommunen.

1.2.2.2 Aufgabengliederungsplan

Der von der KGSt in Zusammenarbeit mit Verwaltungsexperten entwickelte **Aufgabengliederungsplan für Kommunen** ist, nach Art des Funktionenplans, in drei Ebenen aufgebaut. An unterster Stelle stehen die einzelnen Aufgaben, deren Erfassung das **Maximalprinzip** zugrunde liegt. Insgesamt umfasst der Aufgabengliederungsplan alle vorhandenen kommunalen Aufgaben, muss jedoch an die jeweiligen örtlichen Gegebenheiten einer Kommune angepasst werden. Das bedeutet, dass nicht alle Kommunen dieselben Aufgaben erfassen, sodass die Aufgabenstruktur von Kommune zu Kommune unterschiedlich ausfällt.

Auf der obersten Ebene fassen die Aufgabenhauptgruppen die Aufgabengruppen der mittleren Ebene zusammen. Die Aufgabengruppen wiederum nehmen nach ihrer Artverwandtschaft die einzelnen Aufgaben der untersten Ebene auf. Im Folgenden sind nur die Aufgabenhauptgruppen aufgeführt (vgl. KGSt: Verwaltungsorganisation, S. 33 ff.):

1 Allgemeine Verwaltung
2 Finanzen
3 Recht, Sicherheit und Ordnung
4 Schule und Kultur
5 Soziales, Jugend und Gesundheit
6 Bauwesen
7 Öffentliche Einrichtungen
8 Wirtschaft und Verkehr

Als Beispiel für die Untergliederung der Aufgabenhauptgruppen sind im Folgenden die zu „3 Recht, Sicherheit und Ordnung" vorhandenen Aufgabengruppen genannt:

30 Recht
31 Nicht belegt
32 Sicherheit und Ordnung
33 Einwohner- und Meldewesen
34 Personenstand
35 Sozialversicherung
36 Nicht belegt

37 Feuerschutz
38 Zivilschutz

Als Beispiel für die weitere Untergliederung der Aufgabengruppen dienen die zu „37 Feuerschutz" gehörenden Aufgaben:

371 Schadensbekämpfung
3711 Brandbekämpfungsdienst
3712 Koordination der freiwilligen Feuerwehren nach Landesrecht
3713 Technische Hilfeleistung
3714 Strahlenschutz
372 Brandverhütung
3721 Vorbeugender Brandschutz
3722 Brandschau
3723 Löschwasserversorgung
373 Technischer Dienst, Beschaffung
3731 Betrieb und Unterhaltung von Nachrichtenanlagen für die Feuerwehr, Rettungsdienst und Krankentransport
3732 Werkstätten
3733 Beschaffung und Verwaltung von Feuerwehrbedarf
374 Rettungsdienst und Krankentransport nach Landesrecht
375 Mitwirkung beim Katastrophenschutz
376 Ausbildung
3761 Eigenes Personal
3762 Freiwillige Feuerwehren

Die kommunalen Aufgaben werden üblicher Weise nach ihrem Rechtscharakter klassifiziert (vgl. Röhl, A.: Konnexitätsprinzip, S. 22 ff.):

- Selbstverwaltungsaufgaben (freiwillige Aufgaben)
- Pflichtaufgaben (Selbstverwaltungspflichtaufgaben und weisungsgebundene Pflichtaufgaben)
- Fremdverwaltungsaufgaben (Auftragsangelegenheiten)

Nicht berücksichtigt sind in dieser Klassifizierung die sogenannten Aufgaben **„der Verwaltung der Verwaltung"**, d. h. Aufgaben, die der Aufrechterhaltung des internen Dienstbetriebs dienen, wie z. B. Personalwesen, zentrale Informationstechnik, Kämmereiangelegenheiten, Organisation etc.

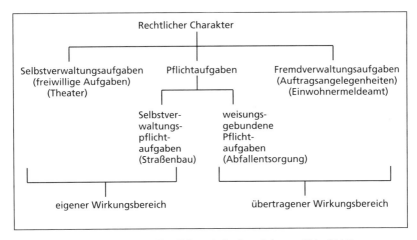

Abb. 3: Klassifizierung der öffentlichen Aufgaben (eigene Abb. 2018)

Typisch für **Selbstverwaltungsaufgaben** ist, dass die Kommune im Hinblick auf die inhaltliche und organisatorische Gestaltung der Aufgabenerfüllung keinen staatlichen Vorgaben unterliegt. Diese **Selbstverwaltungsaufgaben** werden als „freiwillig" bezeichnet, wenn sie nicht nur frei von jeder Weisung und Vormundschaft der staatlichen Ebene (Bund und Länder) sind, sondern die Kommune auch frei darüber entscheiden kann, ob sie diese Aufgaben überhaupt wahrnehmen will. Die Kommunen sind hierbei den Gesetzen verpflichtet und unterliegen damit einer staatlichen Rechtmäßigkeitskontrolle. Sie dürfen die freiwilligen Aufgaben jedoch nur erbringen, wenn es ihre wirtschaftliche Leistungsfähigkeit gestattet. Außerdem müssen sie die Grenzen ihrer Betätigung gegenüber der Privatwirtschaft beachten.

Zu diesen freiwilligen Selbstverwaltungsaufgaben gehört beispielsweise der öffentliche Kulturbetrieb. Soweit die Kommune die Trägerschaft für ihr Theater beendet hat und diese Einrichtung ggf. von Privaten weitergeführt wird (z. B. durch den heimischen Kulturverein), übernehmen diese auch die alleinige Aufgaben- und Finanzierungsverantwortung. Aus diesem Grunde stehen bei finanziellen Engpässen im Haushalt als erstes die freiwilligen Aufgaben zur Disposition. Weitere Beispiele für diese Art der Aufgaben sind Bibliotheken, Museen, Seniorenheime, Jugendheime, Krankenhäuser, Sportplätze und Schwimmbäder.

Bei den **Pflichtaufgaben** ist die Kommune rechtlich verpflichtet, diese Aufgaben zu erfüllen, wobei es ihr freigestellt ist, diese Aufgaben mit eigenen Ressourcen (Organisationseinheiten) oder durch die Einbindung der Ressourcen privater Wirtschaftssubjekte wahrzunehmen. So können die Entsorgungsaufgaben (Abfall-, Abwasserbeseitigung etc.) von Unternehmen in Privatrechtsform und in privater Eigentümerschaft ausgeführt werden. Die Kommune bleibt jedoch in diesem Fall gegenüber dem Bürger verantwortlich für die ordnungsgemäße Ausführung dieser Aufgaben. Gerade im Entsorgungsbereich ist dies heute weitgehend der Fall. So wird der Abfall nicht nur von privaten Unternehmen eingesammelt, sondern auch in privat betriebenen Anlagen behandelt und aufbereitet. Diese Aufgaben sind im Wesentlichen Gegenstand der sogenannten **Public-Private-Partnership (PPP)**.

Pflichtaufgaben werden als **weisungsgebunden** bezeichnet, wenn den Kommunen auch vorgegeben ist, „wie" diese Aufgaben zu erfüllen sind. Dies trifft beispielsweise auch für die Entsorgung zu. Hier ist in Gesetzen und Verordnungen vorgeschrieben, wie mit Abfall und Abwasser entsorgungsmäßig zu verfahren ist.

Bei den nicht weisungsgebundenen Pflichtaufgaben, den sogenannten Selbstverwaltungspflichtaufgaben, ist den Kommunen freigestellt, „wie" sie diese Aufgaben inhaltlich und organisatorisch ausführen. Beispiele für diese Aufgaben sind Straßenbau und dessen Unterhaltung.

Unter **Fremdverwaltungsaufgaben** (**Auftragsangelegenheiten**) sind staatliche Verwaltungsaufgaben zu verstehen, die den Kommunen per Gesetz zur Erfüllung übertragen werden. Diese Aufgaben müssen von den Kommunen in der Art und Weise wahrgenommen werden, wie es staatlicherseits vorgeschrieben ist. Beispiele für die Aufgaben sind das Personenstands- und Meldewesen, Angelegenheiten der Bauaufsicht, Kraftfahrzeugzulassung etc. Die Problematik ist, dass die Kommunen verpflichtet sind, diese Aufgaben zu übernehmen, aber die staatliche Ebene (Bund und Länder) nicht bereit ist, diese vollständig zu finanzieren. Notwendig erscheint deshalb, dass das **Konnexitätsprinzip** etabliert wird. Dieses Prinzip umfasst die Verpflichtung eines hundertprozentigen Kostenfolgeausgleichs, sodass „derjenige, der die Musik bestellt, diese auch zu bezahlen hat" (vgl. Röhl, A.: Konnexitätsprinzip, S. 157 ff.).

Das **Konnexitätsprinzip** hat z. B. in die Verfassung des Landes Niedersachsen Aufnahme gefunden. **Art. 57 Abs. 4 der Niedersächsischen Verfassung** lautet:

„[1]Den Gemeinden und Landkreisen und den sonstigen kommunalen Körperschaften können durch Gesetz oder aufgrund eines Gesetzes durch Verordnung Pflichtaufgaben zur Erfüllung in eigener Verantwortung zugewiesen werden und staatliche Aufgaben zur Erfüllung nach Weisung übertragen werden.

[2]Für die durch Vorschriften nach Satz 1 verursachten erheblichen und notwendigen Kosten ist unverzüglich durch Gesetz der entsprechende finanzielle Ausgleich zu regeln.

[3]Soweit sich aus einer Änderung der Vorschriften nach Satz 1 erhebliche Erhöhungen der Kosten ergeben, ist der finanzielle Ausgleich entsprechend anzupassen; im Fall einer Verringerung der Kosten kann er angepasst werden.

[4]Der finanzielle Ausgleich für Vorschriften nach Satz 1, die vor dem 1. Januar 2006 erlassen worden sind, richtet sich nach dem bisher geltenden Recht;

für den Fall einer Aufgabenverlagerung gilt Satz 3 uneingeschränkt, im Übrigen mit der Maßgabe, dass eine Anpassung im Fall der Verringerung der Kosten nicht erfolgt.

[5]Satz 1 gilt entsprechend, soweit sonstigen öffentlich-rechtlichen Körperschaften Aufgaben zugewiesen oder übertragen werden, wenn unverzüglich Bestimmungen über die Deckung der Kosten getroffen werden."

Für die Kommunen ist die Durchsetzung gegenüber dem Land nicht unproblematisch. Z.T. müssen die Kommunen über ihre Spitzenverbände Druck aufbauen, mit Klagen drohen und ggf. auch das Land auf Übernahme der Kosten verklagen. So z.B. geschehen bei der Übernahme der Kosten zur Inklusion. Hier konnte erst nach Klageerhebung eine Einigung mit dem Land Niedersachsen erzielt werden.

Wie in vorhergehender Abb. dargestellt, gehören

- die Selbstverwaltungsaufgaben und die Selbstverwaltungspflichtaufgaben zum sogenannten **eigenen Wirkungsbereich** und
- die weisungsgebunden Pflichtaufgaben und die Fremdverwaltungsaufgaben (Auftragsangelegenheiten) werden dagegen dem **übertragenen Wirkungsbereich** zugeordnet.

Eigener Wirkungsbereich bedeutet, dass das „**Wie**" der Aufgabenerfüllung den Kommunen freigestellt ist, wohingegen dies für den übertragenen Wirkungsbereich nicht zutrifft. Hier sind die Kommunen an staatliche Vorgaben gebunden.

Die oben genannten Aufgaben können auch danach unterschieden werden, in welcher Art und Weise die Kommunen dem Bürger entgegentreten:

- Aufgaben werden als **hoheitlich** bezeichnet, wenn die kommunalen ÖVB den Bürgern gegenüber in Form von Geboten und Verboten handeln. Dies äußert sich beispielsweise im Anschluss- und Benutzungszwang. So ist die Pflichtaufgabe „Abwasserbeseitigung" gleichzeitig eine hoheitliche Aufgabe, da der Bürger die Leistungen des ÖVB „Abwasserbeseitigung" in Anspruch nehmen muss. Ähnliches gilt für den ÖVB „Ordnungsverwaltung". Durch diesen ÖVB können unzulässige Handlungsweisen der Bürger als Ordnungswidrigkeit geahndet werden.
- Die Aufgaben der **Leistungsverwaltung** sind solche, bei deren Wahrnehmung die ÖVB aktiv gestaltend an den sozialen, kulturellen und wirtschaftlichen Lebensbedingungen der Bürger mitwirken. Hier ist es dem Bürger freigestellt, inwieweit er die von diesen ÖVB angebotenen Leistungen oder Nutzungsmöglichkeiten in Anspruch nimmt oder nicht. Diese Art von Aufgaben wird von den ÖVB in den Bereichen der Kultur, Sport, Erholung und Bildungswesen wahrgenommen.

1.2.2.3 Produktorientierung

Im Zuge der Einführung des **Neuen Steuerungsmodells (NSM)** und der damit verbundenen Betrachtung der öffentlichen Verwaltung als kunden- bzw. bürgerorientierten Dienstleistungsbetrieb hat eine Abkehr vom Aufgabenbegriff und eine Hinwendung zum Produktbegriff stattgefunden. Das bedeutet nicht, dass die oben erläuterten öffentlichen Aufgaben obsolet geworden wären. Vielmehr wird das, was die öffentliche Verwaltung „tut", sprachlich nicht mehr als Aufgabenerfüllung, sondern als **Produktion von Dienstleistungen** angesehen.

An die Stelle des kommunalen Aufgabengliederungsplans, so wie er zentral von der KGSt entwickelt worden ist, sind eine Reihe **kommunal- und länderspezifische Produkte** gerückt. Ebenso wie die Aufgaben im KGSt-Aufgabengliederungsplan werden auch die Verwaltungsprodukte in Form einer Hierarchie in dem Produktrahmen dargestellt: Die Produkte werden zu Produktgruppen und diese zu Produktbereichen zusammengefasst.

So sieht der **Produktrahmen des Landes Niedersachsen** insgesamt sechs Produktbereiche vor:

- Zentrale Verwaltung
- Schule und Kultur
- Soziales und Jugend
- Gesundheit und Sport
- Gestaltung der Umwelt
- Zentrale Finanzleistungen

Die Produktbereiche für die Kommunen unterscheiden sich von Land zu Land hinsichtlich des Aufbaus. So hat zum Beispiel der Produktrahmen des Landes Nordrhein-Westfalen 17 Produktbereiche und nicht nur sechs wie der Niedersachsens. Dafür sind die einzelnen Bereiche wiederum in Nordrhein-Westfalen nicht so tief gegliedert wie im niedersächsischen Produktrahmen. Der abweichende Aufbau erschwert einen Vergleich von Kommunen über die Bundeslandgrenzen hinweg.

Verbindlicher Produktrahmen für Niedersachsen 2017

Nr.	Produktbereiche	Nr.	Produktgruppen und verbindliche Produkte
1	Zentrale Verwaltung		
11	Innere Verwaltung		
		111	Verwaltungssteuerung und -service
12	Sicherheit und Ordnung		
		121	Statistik und Wahlen
		122	Ordnungsangelegenheiten
		126	Brandschutz
		127	Rettungsdienst
		128	Katastrophenschutz

Nr.	Produktbereiche	Nr.	Produktgruppen und verbindliche Produkte	
2	Schule und Kultur			
21–24	Schulträgeraufgaben			
		211	Grundschulen	
		212	Hauptschulen	
		213	Kombinierte Grund- und Hauptschulen	
		215	Realschulen	
		216	Kombinierte Haupt- und Realschulen	
		217	Gymnasien, Kollegs	
		218	Gesamtschulen	
		221	Förderschulen	
		231	Berufliche Schulen	
		241	Schülerbeförderung	
		242	Fördermaßnahmen für Schüler	
		243	Sonstige schulische Aufgaben	
		244	Kreisschulbaukasse	
25–29	Kultur und Wissenschaft			
		251	Wissenschaft und Forschung	
		252	Nichtwissenschaftliche Museen, Sammlungen	
		253	Zoologische und Botanische Gärten	
		261	Theater	
		262	Musikpflege	
		263	Musikschulen	
		271	Volkshochschulen	
		272	Büchereien	
		273	Sonstige Volksbildung	
		281	Heimat- und sonstige Kulturpflege	
		291	Förderung von Kirchengemeinden und sonstigen Religionsgemeinschaften	
3	Soziales und Jugend			
31–35	Soziale Hilfen			
		311	Grundversorgung und Hilfen nach dem Zwölften Buch Sozialgesetzbuch (SGB XII)	
			3111	Hilfe zum Lebensunterhalt (3. Kapitel SGB XII)
			(3112)	Hilfe zur Pflege (7. Kapitel SGB XII) (bis 2016, ab 2017 siehe unter 3118)
			3113	Eingliederungshilfe für behinderte Menschen (6. Kapitel SGB XII)
			3114	Hilfen zur Gesundheit (5. Kapitel SGB XII)

Nr.	Produktbereiche	Nr.	Produktgruppen und verbindliche Produkte	
		3115	Hilfe zur Überwindung besonderer sozialer Schwierigkeiten und Hilfe in anderen Lebenslagen (8. und 9. Kapitel SGB XII)	
		3116	Grundsicherung im Alter und bei Erwerbsminderung (4. Kapitel SGB XII)	
		3117	Zahlungen Quotales System	
		3118	Hilfe zur Pflege (7. Kapitel SGB XII)	
		3119	Verwaltung der Sozialhilfe	
		312	Grundsicherung für Arbeitsuchende nach dem Zweiten Buch Sozialgesetzbuch (SGB II)	
		3121	Leistungen für Unterkunft und Heizung	
		3122	Eingliederungsleistungen	
		3123	Einmalige Leistungen	
		3124	Arbeitslosengeld II (KdU)/Optionsgemeinden	
		3125	Eingliederungsleistungen/ Optionsgemeinden	
		3126	Leistungen für Bildung und Teilhabe nach § 28 SGB II	
		3129	Verwaltung der Grundsicherung für Arbeitsuchende	
		313	Leistungen nach dem Asylbewerberleistungsgesetz	
		315	Soziale Einrichtungen	
		3155	Soziale Einrichtungen für Aussiedler und Ausländer	
		321	Leistungen nach dem Bundesversorgungsgesetz	
		341	Unterhaltsvorschussleistungen	
		343	Betreuungsleistungen	
		344	Hilfen für Heimkehrer und politische Häftlinge	
		345	Landesblindengeld	
		346	Wohngeld	
		347	Bildung und Teilhabe nach § 6b Bundeskindergeldgesetz	
		351	Sonstige soziale Hilfen und Leistungen	
36	Kinder-, Jugend- und Familienhilfe			
		361	Förderung von Kindern in Tageseinrichtungen und in Tagespflege	
		362	Jugendarbeit (SGB VII)	
		363	Sonstige Leistungen der Kinder-, Jugend- und Familienhilfe (SGB VII)	
		365	Tageseinrichtungen für Kinder	
		366	Einrichtungen der Jugendarbeit	

Nr.	Produktbereiche	Nr.	Produktgruppen und verbindliche Produkte	
		367	Sonstige Einrichtungen der Kinder-, Jugend- und Familienhilfe	
4	**Gesundheit und Sport**			
41	**Gesundheitsdienste**			
		411	Krankenhäuser	
		411	Gesundheitseinrichtungen	
		414	Maßnahmen der Gesundheitspflege	
		418	Kur- und Badeeinrichtungen	
42	**Sportförderung**			
		421	Förderung des Sports	
		424	Sportstätten und Bäder	
5	**Gestaltung der Umwelt**			
51	**Räumlichen Planung und Entwicklung**			
		511	Räumliche Planungs- und Entwicklungsmaßnahmen	
52	**Bauen und Wohnen**			
		521	Bau- und Grundstücksordnung	
		522	Wohnbauförderung	
			5221	Aufstellung und Durchführung von Wohnungsbau- und Siedlungsprogrammen
			5222	Grunderwerb zur Weiterveräußerung
		523	Denkmalschutz und -pflege	
53	**Ver- und Entsorgung**			
		531	Elektrizitätsversorgung	
		532	Gasversorgung	
		533	Wasserversorgung	
		534	Fernwärmeversorgung	
		535	Kombinierte Versorgung	
		537	Abfallwirtschaft	
			5371	Müllabfuhr, Fäkalienabfuhr
			5372	Ordnungsaufgaben nach Abfallrecht
		538	Abwasserbeseitigung	
			5381	Bau, Unterhaltung und Betrieb von Kläranlagen, Abwasserkanälen, Bedürfnisanstalten und dgl.
			5382	Ordnungsaufgaben nach Wasserrecht
54	**Verkehrsflächen und Verkehrsanlagen, ÖPNV**			
		541	Gemeindestraßen	
		542	Kreisstraßen	
		543	Landesstraßen	
		544	Bundesstraßen	

Nr.	Produktbereiche	Nr.	Produktgruppen und verbindliche Produkte
		545	Straßenreinigung, Straßenbeleuchtung
		546	Parkeinrichtungen
		547	ÖPNV
		548	Sonstiger Personen- und Güterverkehr
55	Natur- und Landschafts-pflege, Friedhofs- und Be-stattungswesen		
		551	Öffentliches Grün/Landschaftsbau
		552	Öffentliche Gewässer/Wasserbauliche Anlagen
		553	Friedhofs- und Bestattungswesen
		554	Naturschutz und Landschaftspflege
		555	Land- und Forstwirtschaft
56	Umweltschutz		
		561	Umweltschutzmaßnahmen
57	Wirtschaft und Tourismus		
		571	Wirtschaftsförderung
		573	Allgemeine Einrichtungen und Unternehmen
		575	Tourismus
6	Zentrale Finanzleistungen		
61	Allgemeine Finanz-wirtschaft		
		611	Steuern, allgemeine Zuweisungen, allgemeine Umlagen
		612	Sonstige allgemeine Finanzwirtschaft
		613	Abwicklung der Vorjahre

Abb. 4: Verbindlicher Produktrahmen für Niedersachsen 2017 (vgl. LSN: Be-zugsbekanntmachung, S. 569)

Die obige Unterteilung des Produktrahmens in Produktbereiche und Pro-duktgruppen ist für die Kommunen in Niedersachsen bindend. Unterhalb der Produktgruppen sind die Produkte:

- für soziale Hilfen vorgeschrieben, d. h. für die Produktgruppe:
  - 311 „Grundversorgung und Hilfen nach dem Zwölften Buch Sozi-algesetzbuch (SGB XII)"
  - 312 „Grundsicherung für Arbeitsuchende nach dem Zweiten Buch Sozialgesetzbuch (SGB II)"
  - 315 „Soziale Einrichtungen"
- für Bauen und Wohnen vorgeschrieben, d. h. für die Produktgruppe:
  - 522 „Wohnungsbauförderung"
- für Ver- und Entsorgung vorgeschrieben, d. h. für die Produktgruppe:
  - 537 „Abfallwirtschaft"
  - 538 „Abwasserbeseitigung"

Dagegen können die anderen Produktgruppen gemeindespezifisch ausgestaltet werden, indem noch zusätzliche Produkte und Teilprodukte gebildet werden können (vgl. Truckenbrodt, H. und Zähle, K.: Der kommunale Haushalt, S. 78 ff.).

Aus dem vorgegebenen Produktrahmen, der die sechs Produktbereiche umfasst, müssen die Kommunen ihren eigenen Produktplan für die Haushaltsgliederung entwickeln. Somit sind die kommunalen Haushalte nur auf der Ebene der Produktbereiche und Produktgruppen vergleichbar. Für die o. g. verpflichtenden Produkte ist dagegen auch ein Vergleich auf Produktebene möglich. Der verbindliche Produktrahmen wird vom Land Niedersachsen festgelegt und jedes Jahr aktualisiert. Tendenziell kamen in den letzten Jahren immer mehr Pflichtprodukte hinzu. Durch den regelmäßigen Anpassungsbedarf entstehen somit auch zusätzliche Verwaltungskosten bei den Kommunen.

Da die Produkte die zentralen Steuerungsobjekte für das **Verwaltungscontrolling** bilden, ist darauf zu achten, dass eindeutige produktbezogene Verantwortungsbeziehungen vorhanden sind. Es ergibt sich somit die Notwendigkeit, den gemeindespezifischen Produktplan auf allen Ebenen mit der kommunalen Organisationsstruktur abzustimmen.

Bei genauerer Betrachtung des Produktrahmens in obiger Abb. sind terminologische Parallelen zum „klassischen" Aufgabengliederungsplan unverkennbar. Der grundlegende Unterschied zwischen der Aufgaben- und Produktorientierung ist nicht in der Terminologie zu sehen, sondern in der Funktionalität der Aufgaben und Produkte für das Verwaltungshandeln. Während der Aufgabengliederungsplan im Wesentlichen als Vorlage für die Gestaltung der Verwaltungsorganisation und der Haushaltsgliederung diente, sollen in Produktplänen die Produkte darüber hinaus das zentrale Steuerungsobjekt darstellen.

Wie bei den Aufgaben verbirgt sich hinter einem Produkt ein **Bündel von Dienstleistungen.** Zum Produkt „Technische Hilfeleistung" gehören die folgenden Leistungen (vgl. o. V.: Kommunaler Produktplan, S. 83):

- Befreiung von Personen und Tieren
- Beseitigung von akuten biologischen, chemischen und radioaktiven Umweltgefahren
- Beseitigung akuter Einsturzgefahren
- Beseitigung von Verkehrshindernissen
- Einsatz rund um die Uhr

Produkte bilden einen Sammelbegriff für sachlich zusammengehörige Dienstleistungen, wie das obige Beispiel zur „Technischen Hilfeleistung" verdeutlicht.

Gemäß der KGSt sind zu den einzelnen Produkten im Hinblick auf ihre Controllingfunktion Produktbeschreibungen zu erstellen. Die dem Produkt zugewiesenen konsumtiven und investiven Haushaltsmittel werden ausgedrückt in Aufwand und Ertrag sowie Einzahlungen und Auszahlungen und enthalten darüber hinaus Informationen für die produktbezogene Steuerung des Verwaltungshandelns, d. h. es sollen auch Aussagen zur Wirkung getroffen werden.

So sind z. B. in Niedersachsen gemäß § 4 VII KomHKVO die wesentlichen Produkte mit den dazugehörenden Leistungen zu beschreiben und die zu erreichenden Ziele mit den dazu geplanten Maßnahmen sowie Kennzahlen zur Zielerreichung zu bestimmen.

Die Entscheidung, was ein wesentliches Produkt ist, wird nicht im Gesetz definiert. Dies liegt in den Händen der jeweiligen Kommune. Orientieren kann sie sich für diese Entscheidung z. B.:

- am Haushaltsvolumen
- am hohem Ressourcenverbrauch
- am politischen Willen der Vertretung
- an der strategischen Relevanz
- an den Freiheitsgraden des Produkts
- an Sparzwängen
- an demografischen Gesichtspunkten
- an der Bürgerorientierung
- etc.

(vgl. Truckenbrodt, H. und Zähle, K.: Der kommunale Haushalt, S. 79 f.)

1.3 Verwaltungsreformen im Überblick

Die Verwaltungsreformen lassen sich wie folgt differenzieren (vgl. Gornas, J.: Funktionalreform, S. 9 ff.):

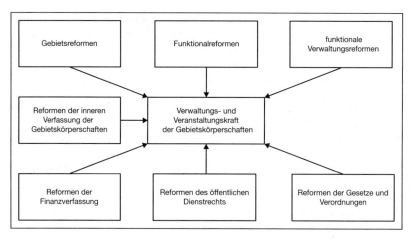

Abb. 5: Verwaltungsreformen (vgl. Gornas, J.: Funktionalreform, S. 9)

1.3.1 Reformziele

Insbesondere die originären Verwaltungsträger – die ÖVB der Kernverwaltung – sind Objekte für Reformmaßnahmen,

* die nur in mehr oder weniger größeren Zeitabständen durchgeführt werden und
* die permanent, z. T. mit wechselnden Intensitäten, ablaufen.

Ziele dieser Maßnahmen sind im Wesentlichen die **Wirtschaftlichkeit** und die **Wirksamkeit** der Aufgabenwahrnehmung bzw. die Leistungserstellung dieser Verwaltungsträger zu verbessern, wobei Wirtschaftlichkeit und Wirksamkeit nicht nur in ökonomischen, sondern auch in gesellschaftlichen und ökologischen Größen auszudrücken sind.

1.3.2 Reformprojekte

1.3.2.1 Gebietsreformen

Bei den Gebietsreformen stehen der **räumliche** und **bevölkerungsmäßige** Zuschnitt insbesondere der kommunalen Gebietskörperschaften im Fokus; diese Gebietsreformen werden durch den demografischen Wandel in Deutschland immer aktueller.

Beispiel für eine im Bürgerentscheid gescheiterte Gebietsreform ist der geplante, aber nicht vollzogene Zusammenschluss der Bundesländer Berlin und Brandenburg. In diesen Bereich fällt auch die allgemeine politische Diskussion nach einer starken Reduzierung der Anzahl der Bundesländer durch den jeweiligen Zusammenschluss mehrerer Bundesländer bzw. Stadtstaaten. Bezeichnend ist jedoch, dass die Wiedervereinigung zur Neugliederung der Alten Bundesländer nicht genutzt wurde, sondern dieselben Fehler bei der Wiedervereinigung, wie bereits bei der Gründung der Bundesrepublik Deutschland gemacht wurden, indem auf dem ehemaligen Territorium der DDR fünf sehr kleine Bundesländer gegründet wurden: Sachsen, Sachsen-Anhalt, Thüringen, Brandenburg und Mecklenburg-Vorpommern.

Des Weiteren fallen auch kommunale Gebietsreformen darunter, beispielsweise die aufgrund einer negativ ausgefallenen Bürgerbefragung gescheiterte Fusion zwischen Bad Fallingbostel, der Stadt Walsrode und der Gemeinde Bomlitz im Jahr 2008. Als vollzogene Fusionen sind zum Beispiel in Niedersachsen zu verzeichnen:

* die Städte Goslar und Vienenburg
* die Kreise Göttingen und Osterode
* die Gemeinden Hermannsburg und Unterlüß im Landkreis Celle zur neuen Gemeinde Südheide

1.3.2.2 Funktionalreformen

Die **Funktionalreformen** sind durch folgende zentrale Aspekte geprägt:

- Einerseits gehören dazu die **Bundes-, Landes- und Kommunalverwaltung** mit ihren jeweiligen Apparaten an Behörden, Ämtern, Anstalten, Einrichtungen, also die öffentlichen Verwaltungsbetriebe (ÖVB).
- Andererseits betreffen diese ebenso die **öffentlichen Aufgaben**, die innerhalb eines bestimmten Zeitrahmens als Aufgaben des staatlichen und des kommunalen Gemeinwesens, d. h. als öffentliche Aufgaben, angesehen werden.

Öffentliche Aufgaben sind durch mehr oder weniger eindeutig bestimmte Definitionen von Tätigkeitsfeldern gekennzeichnet. Diese Definitionen umfassen die folgenden **Aspekte:**

- Tätigkeiten, welche die Mitarbeiter in Zusammenhang mit der öffentlichen Aufgabenwahrnehmung zu leisten haben
- Objekte, auf die diese Tätigkeiten gerichtet werden
- Ziele und Auswirkungen, die durch dieses objektorientierte Handeln verfolgt bzw. hervorgerufen werden

Verschiedene Beschlüsse, Verordnungen, Gesetze, Dienstanweisungen sowie auch einfache Willensäußerungen beinhalten Aussagen zu diesen Punkten. Während einerseits die Objekte und Tätigkeitsanweisungen i. d. R. genau und detailliert vorgegeben werden, insbesondere letztere sind häufig überreglementiert, sind andererseits konkrete Hinweise und Anordnungen bezüglich der Ziele und Ergebnisse des Verwaltungshandelns nur selten festgelegt. Besonders wünschenswert wäre die Definition messbarer Ziele, um die Maßnahmen der Funktionalreformen möglichst genau bewerten zu können.

Verwaltungshandeln geht immer auch mit dem Einsatz von Ressourcen (Produktionsfaktoren), d. h. von Personal, Sachmitteln, Information und finanziellen Mitteln, einher. Dies betrifft nicht nur die ausführenden Institutionen selbst, sondern auch den einzelnen Bürger, sofern er sich selbst oder auch ein Objekt in den verwaltungsbetrieblichen Leistungsprozess einbringen muss (z. B. durch persönliche Anwesenheit).

Die **Quantität** des Ressourcenverbrauchs bestimmt die Höhe der Kosten des Verwaltungshandelns, und zwar zum einen die internen oder unmittelbaren Kosten der ausführenden Institutionen und zum anderen die externen oder mittelbaren Ausgaben der Bürger.

Die **Qualität** dieser Ressourcen wirkt sich dagegen wesentlich auf den Erfolg aus, d. h. auf die Wirkung des Verwaltungshandelns auf den Grad der Erreichung der Handlungsziele.

Quantität und **Qualität**, d. h. Kosten und Nutzen, hängen auch vom Verwaltungshandeln der jeweiligen Institutionen oder Personen ab, die mit der Aufgabenerfüllung der Leistungserbringung betraut sind. Im Rahmen der **Funktionalreform** werden diese Wahrnehmungen ausschließlich im Bereich der öffentlichen Verwaltung untersucht. Demnach hat die Funktionalreform die **Neuverteilung** der **Zuständigkeit zur Aufgabenwahrnehmung** zwischen den einzelnen Verwaltungsebenen zur Folge, insbesondere durch eine **Delegation von Aufgaben** nach unten. Der Fokus liegt dabei auf einer vertikalen Aufgabenverteilung zwischen staatlichen (Landes-)Ämtern, den Kreisen bzw. kreisfreien Städten sowie zwischen Kreisen und kreisangehörigen Gemeinden und Ämtern bzw. amtsangehörigen Gemeinden.

Eine breite Privatisierungsdiskussion und das daraus resultierende verstärkte Eindringen privatwirtschaftlicher Unternehmen in die Wahrnehmung öffentlicher Aufgaben haben dafür gesorgt, **dass diese enge Sichtweise nicht mehr angemessen ist.** Zusätzlich zur **vertikalen Aufgabenverteilung** innerhalb des öffentlichen Sektors muss auch eine **horizontale Aufgabenverteilung** zwischen einzelnen Bundesländern, einzelnen Gemeinden und Gemeindeverbänden vorgenommen werden. Beispiele hierfür sind die zentrale Kontrolle der sogenannten „Fußfesseln" für mehrere Bundesländer durch das Land Hessen oder das Havarie-Kommando in Cuxhaven, eine von Bund und fünf Küstenbundesländern eingerichtete Verwaltung, um auf Nord- und Ostsee ein gemeinsames Unfallmanagement sicherzustellen.

Vor diesem Hintergrund muss der Begriff der **Aufgabenwahrnehmung** genauer analysiert werden. Die einzelnen Elemente dieses Begriffs lassen sich folgendermaßen verdeutlichen:

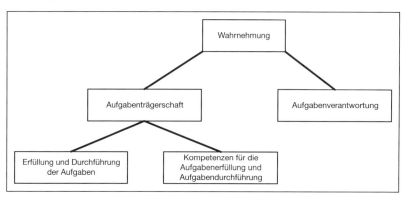

Abb. 6: Wahrnehmung öffentlicher Aufgaben (vgl. Gornas, J.: Funktionalreform, S. 4)

Die **Aufgabenwahrnehmung** beinhaltet einerseits die Zuordnung einer Trägerschaft und andererseits die Verantwortungsübernahme dieser. Ein Aufgabenträger ist derjenige, der die Aufgaben erfüllt und auch die notwendigen Kompetenzen dazu besitzt. **Aufgabenträgerschaft** und **Aufgabenverantwortung** sollten eigentlich gemäß Organisationsgrundsatz, der

Kongruenz von Aufgaben, Kompetenz und Verantwortung, übereinstimmen. Dies ist jedoch nicht auf einige gängige Privatisierungsmaßnahmen anwendbar, insbesondere nicht in Zusammenhang mit pflichtigen Selbstverwaltungsaufgaben. Dort übernimmt nach wie vor diejenige Verwaltung die Aufgabenverantwortung, welche für die jeweilige Aufgabe laut Gesetz betraut ist. Während die Aufgabenträgerschaft weiter delegiert werden kann, verbleibt die Aufgabenverantwortung bei der jeweiligen Verwaltung.

Daraus ergeben sich für die **Aufgabenträgerschaft** die folgenden maßgeblichen Alternativen:

- Übernahme durch private Trägerschaft wie z. B. Bürger, Unternehmen, freigemeinnützige Einrichtungen und Vereine
- durch Gebietskörperschaften und verselbstständigte Organisationseinheiten in öffentlichem Eigentum wie z. B. Anstalten, Zweckverbänden, GmbHs, AGs

Die Beziehung zwischen **vertikaler Aufgabenverteilung** und staatlicher und kommunaler Ebene sowie innerhalb der kommunalen Ebene hinsichtlich der Gebietsreformen ist umstritten:

- Ist es möglicherweise zweckmäßig, vor der Gebietsreform eine Funktionalreform durchzuführen?
- Ist es unumgänglich, die beiden Reformen parallel verlaufen zu lassen?
- Bedingt eine sinnvolle Funktionalreform auch eine Gebietsreform als Notwendigkeit?

Zum einen muss bedacht werden, dass sich die Ziele und Kriterien für Gebietsreformen nicht mit denen der Funktionalreformen decken, zum anderen ergänzen sich die Ziele und Kriterien beider Reformbereiche untereinander nicht unbedingt oder verhalten sich nicht neutral zueinander. Häufig konkurrieren die Ziele und Kriterien miteinander, z. B. im Fall der Ziele Bürgernähe und Kostensenkung. Eine zeitgleiche Umsetzung beider Reformbestrebungen hätte ggf. hinderliche Auswirkungen auf die politische Entscheidungsfindung mit der Folge einer erschwerten Durchsetzbarkeit.

Ein weiteres Problem, welches allgemein in der Betriebswirtschaft bekannt ist, ist das der **optimalen Betriebsgröße**: Welche Größe einer Gebietskörperschaft – gemessen an den Einwohnerzahlen – ist ideal, um die öffentlichen Aufgaben qualitativ optimal bei minimalen Kosten umsetzen zu können? Diese Fragestellung lässt sich – u. a. aufgrund von Messungs- und Zurechnungsproblemen – für die zahlreichen unterschiedlichen öffentlichen Aufgaben nicht einheitlich beantworten, da auch die Existenz einer optimalen Bevölkerungsanzahl einer Gebietskörperschaft zweifelhaft ist. Die wesentlichen Produktionsfaktoren, insbesondere die Informationstechnologien, müssen im Hinblick auf die Aufgabenwahrnehmung in ihren Kapazitäten relativ flexibel gehalten werden. Für kleine Kommunen ist es dadurch ebenfalls möglich, kostengünstig qualitativ hochwertige Informationstechnologien einzusetzen, die auf ihre jeweiligen Bedürfnisse abgestimmt sind. Starre Großrechner, die nur von einem großen Kreis von Anwendern genutzt werden konnten, finden schon lange keinen Einsatz mehr. Cloud Computing bietet daher auch für kleine kommunale Gebietskörperschaften eine ideale Lösung, sofern Datensicherheit und Datenschutz gewährleistet sind.

Auch die Qualität der verfügbaren Produktionsfaktoren ist bedeutsam, z. B. die des vorhandenen Personals in der Verwaltung. Ein fester Bewertungsmaßstab kann jedoch auch dafür nicht eindeutig bestimmt werden. Die Qualität selbst hängt von einigen Einflussfaktoren ab, die normalerweise mit der Einwohnerzahl nicht korrelieren. Es handelt sich dabei beispielsweise um weiche Faktoren, wie das Führungsverhalten der Vorgesetzten, die Mitarbeitermotivation und -zufriedenheit oder die Art und der Inhalt von Personalentwicklungsmaßnahmen.

Deshalb ist es sinnvoll, sich weiterhin an der klassischen Vorgehensweise zu orientieren und die Funktionalreform im Anschluss an die Gebietsreform durchzuführen. Wenn währenddessen bereits Inhalte der Funktionalreform mit Aspekten der Gebietsreform verknüpft werden, kann sich das positiv auf die Umsetzung bzw. den Erfolg der Reformen auswirken.

Die folgenden **Aufgabenkategorien** kommen in Zusammenhang mit Entscheidungen bezüglich Funktionalreformen **nicht** in Betracht:

- **Hilfstätigkeiten,** die im indirekten Zusammenhang mit der Erfüllung öffentlicher Aufgaben stehen, wie beispielsweise Bau- und Instandhaltungsmaßnahmen, Gebäudereinigung, Wachdienstleistungen an öffentlichen Gebäuden, Grünanlagenpflege etc.
- mittelbare Verwaltungsaufgaben, sogenannte **Querschnittsaufgaben** wie u. a. Kassengeschäfte, Besoldung und Versorgung etc.

Eine Entscheidung über die Notwendigkeit der Inanspruchnahme von Hilfstätigkeiten, ob dies öffentlich oder privat geschieht, wird normalerweise ausschließlich aufgrund betriebswirtschaftlicher Kriterien getroffen. Derartige Beschäftigungen werden in vielen Verwaltungsbetrieben mittlerweile von privaten Dienstleistern ausgeführt.

Die Bewältigung von **Querschnittsaufgaben** stellt ein eigenständiges betriebswirtschaftliches Problem dar. Wenn diese Aufgaben nicht privatisiert werden können oder sollen, ist das Erreichen eines günstigen **Zentralisierungs- bzw. Dezentralisierungsgrads** notwendig. Dazu müssen Überlegungen angestellt werden, welche Aufgaben unter Kosten- und Qualitätsaspekten dezentral in den einzelnen Fachbehörden erledigt werden können und für welche Querschnittsaufgaben die Einrichtung eigener Verwaltungsapparate mit landesweiter oder regionaler Zuständigkeit, sinnvoll ist (z. B. Landesämter für Besoldung und Versorgung) (vgl. Gornas, J.: Funktionalreform, S. 2 ff.).

1.3.2.3 Funktionale Verwaltungsreformen

Die **funktionalen Verwaltungsreformen** dürfen, trotz ihrer begrifflichen Ähnlichkeit, nicht mit den **Funktionalreformen** verwechselt werden, denn es handelt sich um unterschiedliche Inhalte. Die funktionalen Verwaltungsreformen fokussieren sich auf die **Modernisierung von Verwaltungsstrukturen und Verwaltungsführung inklusive der betriebswirtschaftlichen Instrumente, die zur Steigerung der Wirtschaftlichkeit der Verwaltung bestimmt sind.** Im Rahmen der Verwaltungsmodernisierung wird sich verstärkt auf die Umsetzung betriebswirtschaftlichen Denkens und Handelns konzentriert. Dadurch werden Überlegungen impliziert, inwiefern privatwirtschaftliche Instrumente und Handlungsweisen auch in der öffentlichen Verwaltung bzw. für die Administration der Gebietskörperschaften ihre Berechtigung haben (vgl. Gornas, J.: Funktionalreform, S. 10). Hier sind als Beispiele die Einführung des Neuen Steuerungsmodells (NSM) und des Kommunalen Steuerungsmodells (KSM) zu nennen.

Zum Beispiel hat **Electric-Commercial (E-Commercial)** in einer Abwandlung unter den Begriffen **E-Government, E-Democracy, E-Procurement und E-Participation** Eingang in die öffentliche Verwaltung gefunden. Informationen und Dienstleistungen der Verwaltung werden dem Bürger und den Unternehmen zunehmend via Internet angeboten.

Daraus resultieren unter anderem die inhaltlichen Reformziele zur Neugestaltung der Aufbauorganisation mit dem Fokus der Schaffung flacher Hierarchien sowie das Vorhaben, Gebietskörperschaften wie Konzerne zu führen. Die Modernisierung der Verwaltungsführung umfasst auch die Integration kooperativer Führungsformen und moderner Führungstechniken wie z. B. das **management by objectives (Führung durch Zielvereinbarung)** oder **management by delegation (Führung durch Aufgabenübertragung)**, welche darauf abzielen, die Eigenverantwortlichkeit und somit auch die Motivation der Mitarbeiter zu erhöhen.

Besonders mühsam und zeitaufwendig ist der Reformblock in Zusammenhang mit den betriebswirtschaftlichen **Instrumenten.** In den Kommunen ist Controlling mehr oder weniger implementiert. Als Voraussetzung dafür ist die Doppik innerhalb der Kommunen bis auf Ausnahme weniger Bundesländer flächendeckend eingeführt worden. In Niedersachsen wurde das Controlling beispielsweise etabliert, als das Neue Kommunale Rechnungswesen (NKR) mit einer Eröffnungsbilanz bis zum 1.1.2012 umgesetzt wurde. Die Einführungspflicht der Doppik in den Kommunen innerhalb der gesamten Verwaltung hat die Möglichkeit zur Einführung einer Kosten- und Leistungsrechnung geschaffen. Trotzdem sind funktionierende Kosten- und Leistungsrechnungen bisher nur vereinzelt vorhanden. An einem flächendeckenden und steuerungsoptimalen Einsatz fehlt es nach wie vor.

Auf Bundes- und Landesebene scheitert Verwaltungscontrolling oftmals einerseits an mangelnden instrumentellen und personellen Voraussetzungen sowie andercrseits an der Schaffung eines doppischen Haushalts- und Rechnungswesens. Bisher wird dort hauptsächlich kameral geplant und gerechnet, nur Hamburg und Hessen haben vollständig von der Kameralistik auf die Doppik umgestellt. Bremen dagegen plant kameral und nimmt einen doppischen Jahresabschluss vor.

Auch die Bestrebungen, ein Konzernmanagement (vgl. Barthel, T.: Konzernmanagement, S. 122 ff.) oder Managementinstrumente wie z. B. eine Balanced Scorecard (vgl. Barthel, T.: Strategisches und operatives Hochschulcontrolling, S. 31 ff., Barthel, T.: Potentielle Aufgaben eines Controllers, S. 97 ff. und Barthel, T.: Beteiligungsberichte als Steuerungsinstrument, S. 20 ff.) oder Benchmarking (vgl. Barthel, T. und Kott, I.: Benchmarking, S. 1 ff.) einzuführen, können als funktionale Verwaltungsreform eingeordnet werden.

1.3.2.4 Reformen der inneren Verfassung der Gebietskörperschaften

Ein enger Zusammenhang besteht zwischen den Organisations- und Führungsaufgaben und den Reformen der inneren Verfassungen der Gebietskörperschaften, vor allem der Kommunalverfassungen. Es handelt sich dabei vornehmlich um die Festlegung der Art bzw. der Aufgaben und Kompetenzen sowie um die personelle Besetzung der Leitungsorgane, d. h. von „Rat" bzw. „Gemeindevertretung" sowie „Bürgermeister" im monistischen oder eingleisigen System und zusätzlich von dem „Gemeindedirektor" im dualistischen oder zweigleisigen System (vgl. Gornas, J.: Funktionalreform, S. 10).

Das Grundgesetz (GG) der Bundesrepublik Deutschland in Art. 28 und die Niedersächsische Verfassung (Verf. Nds.) in Art. 57 I garantieren die Selbstverwaltung der Kommunen, d. h. die Städte, Gemeinden, Landkreise und die Region Hannover verwalten ihre Angelegenheiten im Rahmen der Gesetze in eigener Verantwortung. Das Niedersächsische Kommunalverfassungsgesetz (NKomVG) regelt, wie die kommunalen Körperschaften zur Wahrnehmung und Erfüllung ihrer Aufgaben und Funktionen verfasst sind.

Für eine Reform der inneren Verfassung der Gebietskörperschaften können folgende Gesetzänderungen als Reformen der inneren Verfassung der Gebietskörperschaften in Niedersachsen als Beispiel gelten.

Seit dem 1.11.1996 gibt es für niedersächsische Kommunen die sogenannte eingleisige, d. h. monistische Kommunalverfassung, zuvor galt die zweigleisige also dualistische Kommunalverfassung (vgl. Innenministerium Niedersachsen: Kommunen in Niedersachsen, o. S.).

Die Einführung des Niedersächsischen Kommunalverfassungsgesetzes (NKomVG) zum 1.11.2011 und der gleichzeitigen Aufhebung der Niedersächsischen Gemeindeordnung (NGO), der Niedersächsischen Landkreisordnung (NLO), des Gesetzes über die Region Hannover und des Gesetzes über die Neugliederung des Landkreises und der Stadt Göttingen (Göttingen-Gesetz) führte zu einem einheitlichen Gesetz gegenüber der

bisherigen Parallelität mehrerer Gesetze (vgl. Innenministerium Niedersachsen: Kommunen in Niedersachsen, o. S.).
Dies hat auch eine einheitliche Definition von Oberbegriffen zur Folge gehabt:

	Vertretung	Hauptausschuss	Hauptverwaltungs-beamter
Gemeinden (NGO)	Rat	Verwaltungsausschuss	Oberbürgermeister, Bürgermeister
Landkreise (NLO)	Kreistag	Kreisausschuss	Landrat
Region Hannover (Regionsgesetz)	Regions-versammlung	Regionsausschuss	Regionspräsident
Samtgemeinden (NGO)	Samtgemeinderat	Samtgemeinde-ausschuss	Samtgemeinde-Bürgermeister

Abb. 7: Oberbegriffe nach NKomVG (vgl. Seybold, J.: Kommunalverfassung, S. 10)

1.3.2.5 Reformen der Finanzverfassung

Die Reformen der Finanzverfassung sind besonders kontrovers und umstritten, insbesondere aufgrund vieler Schwierigkeiten, z. B. bezüglich eines horizontalen und vertikalen Finanzausgleichs, der Bemessungsgrundlagen, der Zweckgebundenheiten sowie Zuweisungen etc. Dies betrifft auch die Regelung rund um die kommunalen Leistungsentgelte, vor allem der Benutzungsgebühren. Es wird in erster Linie eine Orientierung an betriebswirtschaftlichen Kostenstrukturen sowie der Lenkungsfunktion dieser Entgeltart angestrebt (vgl. Gornas, J.: Funktionalreform, S. 11).

Politisch und medial finden immer wieder der vertikale Finanzausgleich zwischen Bund und Ländern (sogenannter Bund-Länder-Finanzausgleich) und der horizontale Finanzausgleich zwischen den Ländern (Länderfinanzausgleich) Beachtung.

Der vertikale Finanzausgleich dagegen zwischen Land und Gemeindeebene und der horizontale Finanzausgleich zwischen Gemeinden und Gemeindeverbänden (sogenannter kommunaler Finanzausgleich) stehen dagegen nicht so im öffentlichen Interesse.

1.3.2.6 Reformen des öffentlichen Dienstrechts

Das öffentliche Dienstrecht, insbesondere das Beamtenrecht, sind als Reformbereiche zuletzt immer mehr in den Hintergrund geraten, jedoch nie ganz aus dem politischen Diskussionsfeld verschwunden. Das Recht ist wenig darauf ausgerichtet, Aspekte wie die Leistungsbereitschaft oder die Mitarbeitermotivation zu fördern. Aus diesem Grund ist es notwendig, die Reformmaßnahmen in ihren gegenseitigen Beziehungen zu betrachten, da die Bediensteten in Führungspositionen bezüglich ihrer Bemühungen häufig aufgrund dienstrechtlicher, konträrer Regelungen eingeschränkt sind (vgl. Gornas, J.: Funktionalreform, S. 11).

Mitte der 1990er Jahre begann die Diskussion in Wissenschaft und Praxis über **Beurteilungs- und Prämiensysteme**. Eine Dekade später hatten nicht einmal ein Drittel bzw. die Hälfte der Befragten ein Beurteilungs- bzw. ein Prämiensystem eingerichtet, was darauf schließen lässt, dass zum einen noch immer nicht das Bewusstsein für die Notwendigkeit dieser Systeme vorhanden ist, zum anderen die gesetzlichen Hürden für die Einführung nach wie vor hoch sind. Die Tarifparteien haben sich oft gegenseitig blockiert, und es existieren bisher große Widerstände seitens der Personalräte und Mitarbeiter. Auch sollte sich die Frage gestellt werden, warum ein Beurteilungssystem eingerichtet wird, denn als Selbstzweck greift es zu kurz, solange damit die diskutierten Ziele nicht verfolgt werden. Aus betriebswirtschaftlicher Sicht sollte dem Beurteilungssystem so, wie es in der Privatwirtschaft der Fall ist, ein flexibles Vergütungssystem nachgeschaltet sein (vgl. Barthel, T.: Beurteilungssysteme, S. 2 ff. und Barthel, T.: Prämiensysteme, S. 2 ff.).

Auf kommunaler Ebene sowie Landes- und Bundesebene gilt seit 1.10.2005 ein neues Tarifrecht. Der BAT wurde durch den TVöD mit seinen Überleitungsregeln vom BAT in den TVöD ersetzt. Dieser neue Tarifvertrag kürzt vereinfacht gesagt das Fixgehalt, gibt aber die Möglichkeit, im Rahmen des neuen Tarifvertrags „verdienten" Mitarbeitern leistungsorientierte Prämien zu zahlen. Die leistungsorientierte Bezahlung im Rahmen des TVöD kann bisher als gescheitert angesehen werden.

Im Beamtenrecht dagegen ist nach wie vor ein noch größerer Reformstau vorhanden. Obwohl es in der Beamtenbesoldung keine Tarifverhandlungen gibt und der Gesetzgeber in der Lage ist, das Tarifrecht allein per Gesetz zu regeln, so ist darauf hinzuweisen, dass bisher keine weitreichenden und hinreichenden Reformen für eine Besoldung nach Leistung vorgenommen worden sind. Die Leistungszulagen z. B. in den Besoldungsgruppen W sind auch mehr eine Farce als ein wirkungsvoller Leistungsanreiz, zumal hier sehr stark durch den Wechsel von den Besoldungsgruppen C auf die Besoldungsgruppen W erst einmal die Besoldung an sich gekürzt wurde. Die Besoldungsgruppe W2 wurde gar vom Bundesverfassungsgericht für verfassungswidrig erklärt, da es diese als zu niedrig eingestuft hat. Dadurch, dass zwischen der Besoldungsgruppe W2 und der Besoldungsgruppe W3 auch weiterhin das Abstandgebot einzuhalten ist, musste in vielen Bundesländern auch die Besoldungsgruppe W3 angehoben werden.

Unter die Reform des öffentlichen Dienstrechts fällt auch in Niedersachsen die Einführung der nichtakademischen Laufbahngruppe 1 und der akademischen Laufbahngruppe 2 auf Kosten der Abschaffung des einfachen, mittleren, gehobenen und höheren Verwaltungsdiensts.

Das Bundesinnenministerium setzt als Zugangsvoraussetzung zum höheren Dienst nach wie vor einen Masterabschluss/Universitätsabschluss Diplom/Magister voraus und verneint die Öffnung des Zugangs nur mit einem Bachelorabschluss. Damit soll eine „breite Absenkung des Qualifikationsniveaus" verhindert werden. Diese Meinung hätten auch die Innenverwaltungen der Länder.

Dem schwarz-roten Koalitionsvertrag von 2013 war zu entnehmen, dass der Zugang zum höheren Dienst des Bundes „für Bachelorabsolventen mit Promotion oder mehrjähriger Berufserfahrung" ermöglicht werden soll. Dies wird durch die Regierungsfraktionen damit begründet, dass der Bachelor öffentlich als „vollqualifizierender Abschluss" angesehen werde. Für eine entsprechende Anerkennung habe sich regierungsintern das Bildungsministerium stark gemacht. Diese Zulassung lehnt das Innenministerium jedoch ab, da vom hohen Leistungsstandard in der Verwaltung und von einer „bestmöglichen Personalauslese" nur bei „zwingenden Gründen wie Bewerbermangel" eine Ausnahme gemacht werden dürfte (vgl. Osel, J.: Bachelor, o. S.; Osel, J.: Höherer Dienst, o. S.; o. V.: Master, S. 101).

1.3.2.7 Reformen der Gesetze und Verordnungen

Ein weiterer, aber eher wenig aufsehenerregender Reformbereich konzentriert sich auf die Dichte, den Standardisierungsgrad sowie die Zuordnung von Zuständigkeiten in Bezug auf die Verwaltungsarbeit durch entsprechende Gesetze und Verordnungen. Es lässt sich unschwer feststellen, dass dieser Bereich stark überreglementiert ist und somit wertvolle und nützliche Verwaltungsressourcen unnötig bindet.

Aus diesem Grund stehen der Abbau überflüssiger und hemmender Reglementierungen und folglich eine „Entbürokratisierung" im Vordergrund. Leider muss in diesem Zusammenhang die Einsicht einer verpassten Chance der Verwaltungsmodernisierung hingenommen werden, denn: Die Neuen Bundesländer hätten gleich nach der Wende mit strengeren Auflagen bezüglich des Erlasses von Gesetzen und Verordnungen konfrontiert werden sollen, um eine „Ausartung" an Reglementierungen, wie sie etwa in den Alten Bundesländern existiert, von vornherein zu umgehen (vgl. Gornas, J.: Funktionalreform, S. 11).

Hier sind auch die Bemühungen des Nationalen Normenkontrollrats oder der sogenannten „Hochrangigen Gruppe" im Bereich Verwaltungslasten auf EU-Ebene zu nennen, die das Ziel haben, eine Begrenzung sowie Abbau von Bürokratie und gesetzlichen Folgekosten zu erreichen. Die Erfolge dieser Kommissionen sind aber überschaubar.

2. Strukturen der öffentlichen Verwaltung

2.1 Einführung

Die Aufgabenerfüllung bzw. die Erstellung der Verwaltungsprodukte erfordert finanzielle, sächliche und personelle Ressourcen. Diese werden von den sogenannten Trägern öffentlicher Verwaltung vorgehalten und eingesetzt.

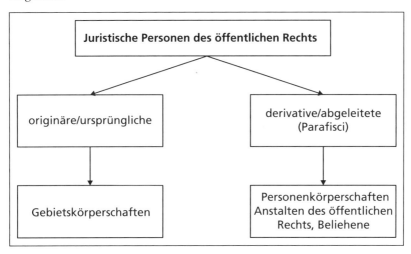

Abb. 8: Juristische Personen des öffentlichen Rechts (eigene Abb. 2018)

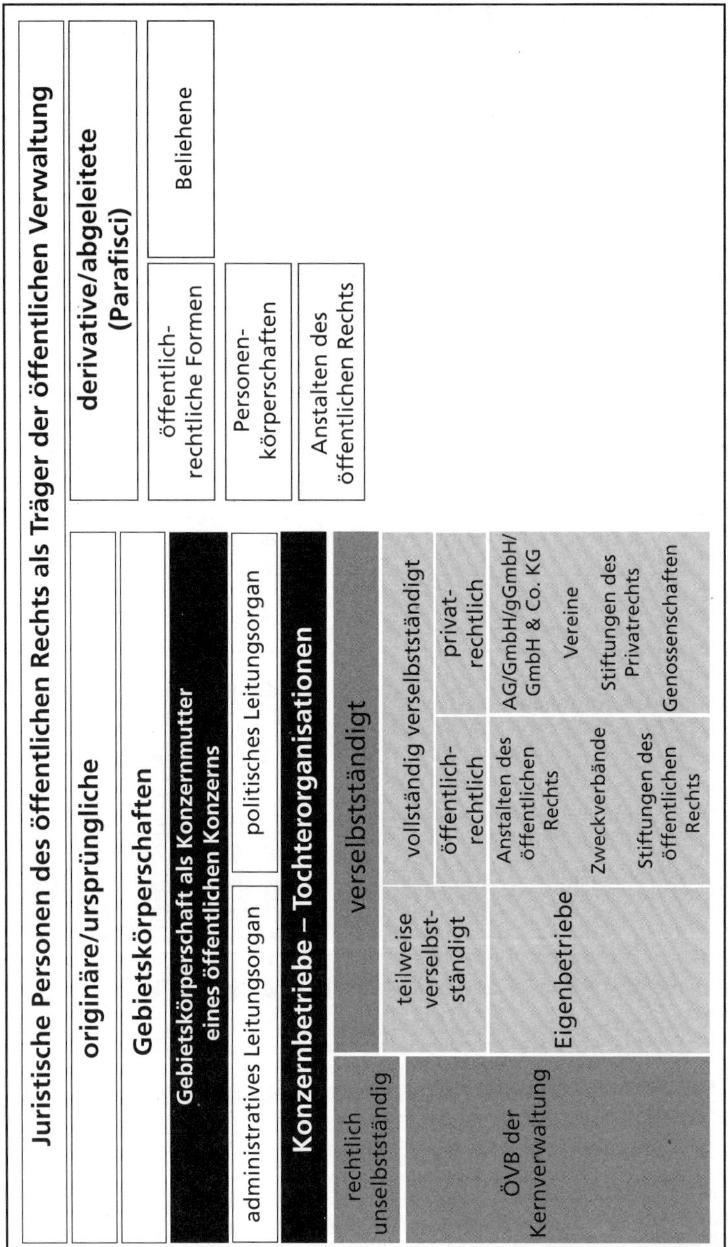

Juristische Personen des öffentlichen Rechts als Träger der öffentlichen Verwaltung					
originäre/ursprüngliche				**derivative/abgeleitete (Parafisci)**	
Gebietskörperschaften				öffentlich-rechtliche Formen	Beliehene
Gebietskörperschaft als Konzernmutter eines öffentlichen Konzerns				Personen-körperschaften	
administratives Leitungsorgan	politisches Leitungsorgan			Anstalten des öffentlichen Rechts	
Konzernbetriebe – Tochterorganisationen					
	verselbstständigt				
	teilweise verselbst-ständigt	vollständig verselbstständigt			
		öffentlich-rechtlich	privat-rechtlich		
	Eigenbetriebe	Anstalten des öffentlichen Rechts	AG/GmbH/gGmbH/ GmbH & Co. KG		
		Zweckverbände	Vereine		
rechtlich unselbstständig	ÖVB der Kernverwaltung	Stiftungen des öffentlichen Rechts	Stiftungen des Privatrechts		
			Genossenschaften		

Abb. 9: Juristische Personen des öffentlichen Rechts als Träger öffentlicher Verwaltung (eigene Abb. 2018)

Diese Träger können sowohl natürliche Personen als auch juristische Personen des öffentlichen Rechts sein. Auf eine Erörterung der natürlichen Personen (Beliehene) wird größtenteils verzichtet, da sie als Verwaltungsträger von untergeordneter Bedeutung sind. Bei den juristischen Personen des öffentlichen Rechts wird unterschieden zwischen originären/ursprünglichen Verwaltungsträgern und den derivativen/abgeleiteten Verwaltungsträgern, den sogenannten Parafisci. Die erstgenannte Kategorie bilden die Gebietskörperschaften, zur zweiten gehören insbesondere Personenkörperschaften und Anstalten.

Der Schwerpunkt der folgenden Erörterungen liegt bei den juristischen Personen des öffentlichen Rechts und hier insbesondere bei den originären Verwaltungsträgern, den Gebietskörperschaften (Bund, Länder, Kommunen).

2.2 Originäre Verwaltungsträger

Zu den **grundlegenden** Merkmalen der öffentlich-rechtlichen Gebietskörperschaften als originäre Verwaltungsträger gehören:

* ihre mitgliedschaftliche Organisation mit natürlichen oder juristischen Personen als Mitglieder. Die Mitgliedschaft ergibt sich kraft Gesetzes aufgrund des Wohnsitzes bzw. Sitzes der natürlichen bzw. juristischen Personen,
* ihre Bildung durch einen Hoheitsakt, i. d. R. durch ein Gesetz,
* ihre Existenzsicherung unabhängig eines Mitgliederwechsels und
* i. d. R. das Recht zur Ausübung von Befugnissen auf staatliche Veranlassung hin im Rahmen der von ihnen wahrgenommenen öffentlichen Aufgabe.

Die Gebietskörperschaften in der Bundesrepublik Deutschland sind:

* **Bund** und 16 **Länder**, welche die **unmittelbare Staatsverwaltung** bilden, und
* **kommunale Gebietskörperschaften**, d. h. die Städte, Gemeinden sowie die Gemeindeverbände, zu denen die Kreise, Ämter, Verbandsgemeinden, höhere Kommunalverbände etc. gehören. Sie bilden die **mittelbare Staatsverwaltung**. Der Begriff der Kommune wird als Oberbegriff für „Städte", „Gemeinden" und „Gemeindeverbände" verwendet. Zum 1.7.2017 hatte Niedersachsen 943 Gemeinden, davon 653 Mitgliedsgemeinden in 116 Samtgemeinden und 290 Einheitsgemeinden, 36 Landkreise und die Region Hannover als kommunale Körperschaft eigener Art. Somit ist die Anzahl in den letzten 3 Jahren um 48 Kommunen gesunken (vgl. Innenministerium Niedersachsen: Kommunen in Niedersachsen 2017, o. S.).

- Gemäß Angaben des Landesbetriebs für Statistik und Kommunikationstechnologie (LSKN) sowie des niedersächsischen Innenministeriums ist die Anzahl der Kommunen im Bundesland Niedersachsen bis zum 1.1.2014 auf 991 gesunken.
- Einerseits ist eine Abnahme der Mitgliedsgemeinden auf eine Zahl von 703 zu verzeichnen, andererseits gibt es eine minimale Erhöhung auf Seiten der Einheitsgemeinden auf 288. Die Zahl der Samtgemeinden sinkt hingegen auf 126 (vgl. Innenministerium Niedersachsen: Kommunen in Niedersachsen, o. S.).
- 1946, unmittelbar nach Kriegsende, existierten im damals noch jungen Bundesland Niedersachsen 4.237 Gemeinden, zum größten Teil Kleingemeinden. Von diesen hatten 3.772 Einwohnerzahlen unter 1.000, sodass eine professionelle und hauptamtliche Gemeindeverwaltung bei derart kleinen Gemeinden eher selten vorkam. Eine Zunahme der kommunalen Tätigkeitsbereiche und die daraus resultierende steigende Aufgabenkomplexität setzten den Trend zum Zusammenschluss zu größeren Gemeinden. Auf diese Weise wurde die Verwaltungsarbeit durch hauptamtliches und sachkundiges Personal ermöglicht.
- Umfassende Gemeindereformen in den Jahren 1972 bis 1974 führten zu einer Reduzierung der Gemeinden auf eine Zahl von 1.027. Im Rahmen der Reformen wurde festgelegt, dass die Mindesteinwohnerzahl zwischen 7.000 und 8.000 liegen müsste, damit die Verwaltungseinheit ihren Aufgaben optimal gerecht werden könne. Ausnahmen wurden in den peripheren, tendenziell dünn besiedelten Gegenden gestattet, u. a. in der Lüneburger Heide, wo eine Mindestgröße von 5.000 Einwohnern zulässig war.
- Die Zahl der Gemeindefusionen hat sich, insbesondere zwischen Ende 2009 und Ende 2011, sowohl durch den zunehmenden demografischen Wandel als auch durch zusätzlich wachsende Haushaltsprobleme zahlreicher Kommunen stark erhöht. So reduzierte sich die Zahl der Gemeinden von 1.022 Ende 2009 auf 1.008 Gemeinden Ende 2011.
- Anlass dafür ist der im Dezember 2009 geschlossene Zukunftsvertrag zwischen dem Bundesland selbst und den kommunalen Spitzenverbänden Niedersachsens. Dieser Vertrag ermöglichte den Gemeinden die Lösung ihrer finanziellen Probleme mit Hilfe von Zuschüssen des Landes Niedersachsen. Voraussetzung für den Erhalt der finanziellen Mittel war die Fusion mit einer Nachbargemeinde. Schließlich konnte die Zahl der Gemeinden in Niedersachsen bis zum 1.1.2014 nochmals auf insgesamt 991 verringert werden. Fusionierte Gebietskörperschaften sind u. a. folgende:
  - Einbeck (Stadt) und Kreiensen werden zur Stadt Einbeck zusammengeführt

- Bad Grund (Harz, Bergstadt), Badenhausen, Eisdorf, Gittelde (Flecken) und Windhausen schließen sich zu Bad Grund (Harz) zusammen
- Gielde, Hornburg (Stadt), Schladen und Werlaburgdorf vereinen sich zu Schladen-Werla

(vgl. LSKN: Gemeindefusion, o. S.)

Die Bundesrepublik Deutschland hat als föderaler Staat somit einen zweistufigen Staatsaufbau (Bund und Länder), aber einen dreistufigen Verwaltungsaufbau (Bund, Länder und Kommunen).

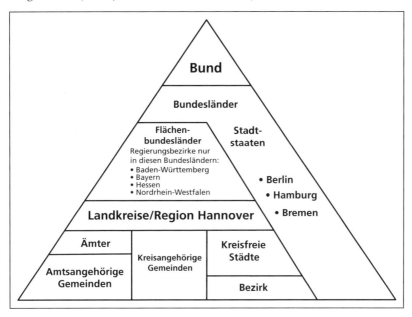

Abb. 10: Aufbaustruktur der deutschen Verwaltungsgliederung (vgl. Heuermann, R. und Tomenendal, M.: Öffentliche Betriebswirtschaftslehre, S. 316)

Es ist mittlerweile üblich, die Gebietskörperschaften als öffentliche Konzerne vergleichbar mit privatwirtschaftlichen Konzernen zu betrachten. Dabei können öffentliche Konzerne differenziert werden in staatliche Konzerne auf Bundes- und Landesebene und in kommunale Konzerne auf Ebene der kommunalen Gebietskörperschaften.

Eine solche Konzernstruktur ist somit gekennzeichnet durch eine wirtschaftliche Einheit bei rechtlicher Vielfalt. Konzerne sind das typische Strukturelement des Unternehmenssektors, insbesondere im Zeichen der

Globalisierung. Wesentliche Gründe für die Entstehung von Konzernstrukturen sind Zukäufe, Ausgliederungen und Verselbstständigungen.

2.2.1 Konzernbegriff in der Privatwirtschaft

Gemäß § 18 I AktG stellt ein Konzern die Zusammenfassung eines herrschenden Unternehmens (Konzernmutter) und eines oder mehrerer ab-
hängiger Unternehmen (Konzerntöchter) unter der einheitlichen Leitung
des herrschenden Unternehmens dar. Gemäß § 17 II AktG wird von einem
im Mehrheitsbesitz stehenden Konzern vermutet, dass er von dem Unternehmen abhängig ist, das an ihm eine Mehrheitsbeteiligung besitzt. Sowohl die Konzernmutter als auch die Konzerntöchter sind juristische Personen des Privatrechts, i. d. R. in der Rechtsform der GmbH oder der AG.

Die Unterordnung der **Konzerntöchter** erfolgt gemäß § 18 I AktG:

- durch die Abstimmung der Geschäftspolitik auf der Ebene der Kon-
  zernleitung (Konzernmutter) oder
- über einen Beherrschungsvertrag (z. B. Gewinnabführungsvertrag).

Die **Konzernmutter** tritt entweder nur als Holdinggesellschaft auf, d. h.
sie nimmt ausschließlich die Verwaltung und Steuerung der Tochtergesellschaften wahr, oder aber sie stellt zusätzlich selbst ein produzierendes
Unternehmen dar, indem sie eigene Leistungen am Markt anbietet (sogenannter Stammhauskonzern).

Bei den **Tochtergesellschaften** kann zwischen:

- Servicetöchtern, die Vorleistungen im Konzern erstellen, und
- marktorientierten Töchtern, welche die eigentlichen Endleistungen
  bzw. Marktleistungen erbringen,

differenziert werden.

In einem Konzern können mehrstufige Mutter- und Töchterbeziehun-
gen auftreten, d. h. eine Konzerntochter kann wiederum Mutter für weitere, ihr nachgeordnete Töchter sein (sogenannte Beteiligungen ersten,
zweiten, dritten Grads etc.).

Neben den Töchtern, die mit der Mutter den Konzern bilden, können
alle diese Konzerngesellschaften auch noch über Anteile an anderen Unternehmen verfügen, die aber i. d. R. aufgrund des Umfangs von weniger
als 50 % nicht zum Konzernverbund gezählt werden (vgl. Barthel, T.:
Strategische Beteiligungssteuerung im Konzern Kommune – Teil 1, S. 2 f.
und Barthel, T.: Strategische Steuerung im Konzern Kommune (1), S. 2 f.).

2.2.2 Strukturen öffentlicher Konzerne

Wie im privatwirtschaftlichen Bereich so weisen auch öffentliche Konzerne auf Bundes- und Landesebene sowie kommunaler Ebene Mutter-
Töchterstrukturen auf (siehe nachfolgende Abb.).

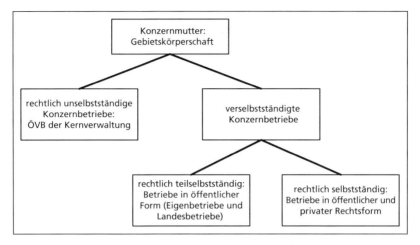

Abb. 11: Grundstruktur öffentlicher Konzerne (eigene Abb. 2018)

Der Begriff Betrieb wird in obiger Darstellung nicht nur für die Organisationseinheiten der Kernverwaltung verwendet, sondern auch für die selbstständigen Töchter im Konzern. Auf die in der Literatur häufig vorgenommene Unterscheidung in Betrieb und Unternehmen wird verzichtet. Beide Begriffe werden für die verselbstständigten Konzerntöchter synonym verwendet.

Im Detail weisen öffentliche und private Konzerne eine Reihe von Unterschieden auf. Diese Differenzen sollen anhand des kommunalen Konzerns erläutert werden. Sie gelten in analoger Weise auch für die staatlichen Konzerne beim Bund und den Ländern:

- Die Muttergesellschaft im kommunalen Konzern ist als juristische Person des öffentlichen Rechts die sogenannte kommunale Gebietskörperschaft. Der Bürger tritt in dieser Gebietskörperschaft nicht als Anteilseigner (Shareholder), sondern als Wahl- und Anspruchsberechtigter bzw. als „Kunde" (Stakeholder) des kommunalen Konzerns auf.
- Ebenso wie die Mutter im privaten Konzern verfügt auch die Mutter im kommunalen Konzern über oberste Leitungsorgane, die allerdings im Hinblick auf ihre Funktionen und Kompetenzen nicht mit denjenigen privater Konzerne vergleichbar sind, auch wenn z. T. ähnliche Termini für die Benennung der obersten Leitungsorgane verwendet werden:
  - Das oberste administrative Leitungsorgan – der Bürgermeister mit seinen Beigeordneten bzw. Dezernenten sowie der Kämmerer – wird in einigen Bundesländern als Verwaltungsvorstand bezeichnet, so z. B. gemäß § 70 GO Nordrhein-Westfalen. In Niedersach-

sen gibt es einen solchen Verwaltungsvorstand gemäß der Niedersächsischen Kommunalverfassung nicht.

- Auch wenn dieses Gremium mit dem Terminus „Vorstand" bezeichnet wird, verfügt es nicht über die Funktionen und Kompetenzen wie der Vorstand einer Aktiengesellschaft. Dieser leitet gemäß § 76 I AktG die Gesellschaft in eigener Verantwortung, was für den Verwaltungsvorstand wegen der in z. B. § 41 GO Nordrhein-Westfalen festgelegten Allzuständigkeit des Rats nicht zutrifft.
- Ebenfalls ist es nicht korrekt, das politische Leitungsorgan einer Kommune – den Rat mit seinen Ausschüssen – mit dem Aufsichtsrat einer AG gleichzusetzen. Letztgenannter ist vorrangig mit strategischen Entscheidungen befasst, dagegen dominieren bei den Räten Entscheidungen im operativen Bereich.
- Grundlegende Unterschiede existieren im Hinblick auf die Ernennung bzw. Bestellung der Mitglieder der obersten Leitungsorgane. So wird in Niedersachsen der Hauptverwaltungsbeamte, d. h. der Oberbürgermeister, Bürgermeister, Landrat und Regionspräsident, direkt vom Bürger gewählt (§ 80 I NKomVG). Die Vorstandsmitglieder einer AG werden dagegen nach § 84 I AktG vom Aufsichtsrat bestellt und nicht von den Anteilseignern unmittelbar gewählt.

• Wie aus obiger Abb. ersichtlich, verfügt der öffentliche Konzern über rechtlich teil- und unselbstständige Töchter. Im privaten Konzern sind die Töchter zwar wirtschaftlich abhängig von der Muttergesellschaft, besitzen aber rechtliche Selbstständigkeit.

• Während in privaten Konzernen alle Töchter juristische Personen des Privatrechts darstellen, insbesondere in der Rechtsform der Kapitalgesellschaft (GmbH, AG etc.), finden sich in kommunalen Konzernen auch Töchter in der Rechtsform des öffentlichen Rechts (Eigenbetrieb, Anstalt etc.) wieder.

• Neben der Mutter und den Tochterbetrieben, die in den Konzernabschluss (hier in den Gesamtabschluss) der Mutter (hier die Gebietskörperschaft) einzubeziehen sind, können darüber hinaus diese öffentlichen Konzerne wie die privaten Konzerne über Anteile an anderen Unternehmen verfügen, die aber, da sie geringer sind als 50 %, i. d. R. nicht in den Konzernverbund gehören und nicht in den konsolidierten Abschluss eingehen. Allerdings sind sie ebenso wie die Konzerntöchter im Beteiligungsbericht zu erfassen und auszuweisen.

Im Folgenden ist als Beispiel für einen kommunalen Konzern der „Konzern Stadt Mannheim" in vereinfachter Form dargestellt. Es wird nur die erste Beteiligungsebene betrachtet, d. h. die in der folgenden Darstellung *kursiv* gekennzeichneten Töchter verfügen ihrerseits über Beteiligungen an nachgeordneten Betrieben (mehrstufige Struktur).

Gebietskörperschaft „Stadt Mannheim"	
Administrative Leitung: • Oberbürgermeister/HVB • 1. Bürgermeister • Bürgermeister	**Politische Leitung:** • Rat/Vertretung • Ausschüsse

Konzernbetriebe (Tochterorganisationen)			
unselbstständig	**verselbstständigt**		
	teilweise verselbstständigt	vollständig verselbstständigt	
		öffentlich-rechtlich	privatrechtlich
ÖVB der Kernverwaltung: • Fachbereiche • Ämter • etc.	**Eigenbetriebe:** • Abfallwirtschaft • Stadtentwässerung • Nationaltheater • Friedhöfe • Kunsthalle • Reiss-Engelhorn-Museen	**Anstalten:** • städtisches Leihamt	**GmbH und AG:** • *Klinikum Mannheim GmbH* • *MVV GmbH* • *MVV Energie AG* • *Rheinfähre Altrip GmbH* • *etc.*

Abb. 12: Konzern Stadt Mannheim (eigene Abb. 2018)

2.2.3 Unselbstständige Konzernbetriebe

Die Öffentlichen Verwaltungsbetriebe, d. h. die ÖVB, weisen die folgenden generellen Merkmale auf:

- Sie sind organisatorisch betrachtet ein Bestandteil der Verwaltungshierarchie, d. h. jeweils einem Mitglied aus dem administrativen Leitungsorgan – dem sogenannten Verwaltungsvorstand in einzelnen Bundesländern – unmittelbar zugeordnet, sodass in Analogie zu privatwirtschaftlichen Strukturen alle ÖVB, die zu einem Vorstand gehören, einen Geschäftsbereich darstellen.
- Sie sind im Haushalt ihrer Mutter detailliert mit all ihren Einnahmen und Ausgaben in der Kameralistik sowie mit all ihren Erträgen und Aufwendungen bzw. Einzahlungen und Auszahlungen in der kommunalen Doppik, d. h. brutto, veranschlagt. Deshalb werden sie als Bruttobetriebe bezeichnet im Gegensatz zu den verselbstständigten Konzernbetrieben, die nur mit ihrem Ergebnis, d. h. mit Gewinnabführung als Ertrag bzw. Einzahlung oder mit Verlustausgleich als Aufwand bzw. Auszahlung, im Haushalt vorhanden sind (Nettobetriebe).
- Aufgrund der Bruttoveranschlagung im Haushalt ihrer Mutter, der Gebietskörperschaft, sind sie mit ihrer Haushalts- und Finanzwirtschaft den Vorschriften des öffentlichen Haushaltsrechts unterworfen. So unterliegen alle dem haushaltsrechtlichen Grundsatz der Gesamtdeckung (siehe z. B. § 17 KomHKVO Niedersachsen). Demnach dienen

die Erträge insgesamt zur Deckung der Aufwendungen und die Einzahlungen insgesamt der Deckung aller Auszahlungen, soweit nicht
besondere Zweckbindungen definiert sind, was i. d. R. nur im investiven Bereich der Fall ist.

- Da diese ÖVB normalerweise keine kostendeckenden Entgelte für ihre
  Leistungen erwirtschaften, sind sie von der Finanzierung über allgemeine Deckungsmittel (insbesondere Steuern) abhängig. Dies gilt
  hauptsächlich für die ÖVB im Bildungs- und Kulturbereich, im Bau-,
  Ordnungs- und Sozialwesen. Eine Ausnahme bilden die ÖVB im Entsorgungsbereich, da dort kostendeckende Entgelte erhoben werden.
- Soweit der öffentliche Haushalt, in den diese ÖVB eingegliedert sind,
  und ein Haushalt in kameraler Form erstellt wird, haben sie auch ein
  kamerales Rechnungswesen zu führen (Verwaltungskameralistik). Mit
  dem Übergang zum doppischen Haushalt ist ein kaufmännisches
  Rechnungswesen anzuwenden.

Aufgrund dieser Merkmale, die ihre weitgehende Abhängigkeit in organisatorischer, haushaltsmäßiger und finanzieller Hinsicht dokumentieren,
werden sie auch als reine Regiebetriebe bezeichnet.

Die oben genannten Merkmale gelten in analoger Weise für die ÖVB
der Kernverwaltung der staatlichen Konzerne.

2.2.3.1 Kommunalverwaltung

Die ÖVB im Konzern Stadt Mannheim (siehe nachfolgende Abb.) werden
aus Geschäftskreisen, Fachbereichen und Ämtern gebildet. Die Zusammenfassung der ÖVB unter einer Leitungsstelle wird als Dezernat bezeichnet.

Das **Dezernat I** umfasst folgende Geschäftskreise (vgl. Stadt Mannheim: Dezernatsverteilungsplan, o. S.):

- Ratsangelegenheiten
- Öffentlichkeitsarbeit
- Wahlen
- Marketing
- Strategische Steuerung
- Organisation, Personal
- Recht
- Repräsentation
- Integrations- und Vielfaltsmanagement
- Internationales
- Thematische Querschnittszuständigkeiten und Projekte

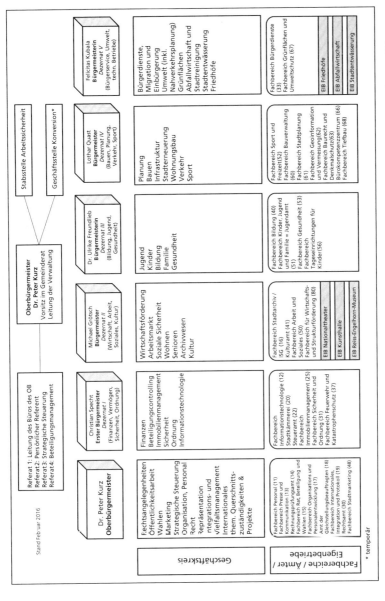

Abb. 13: Dezernatsverteilungsplan Stadt Mannheim (vgl. Stadt Mannheim: Dezernatsverteilungsplan, o. S.)

So gehören die folgenden ÖVB zum **Dezernat I**, das vom Oberbürgermeister geleitet wird (vgl. Stadt Mannheim: Dezernatsverteilungsplan, o. S.):

- 11 Fachbereich Personal
- 13 Fachbereich Presse und Kommunikation
- 14 Rechnungsprüfungsamt
- 15 Rat, Beteiligung und Wahlen
- 17 Fachbereich Organisations- und Personalentwicklung
- 18 Amt der Gleichstellungsbeauftragten
- 19 Fachbereich Internationales, Integration und Protokoll
- 30 Rechtsamt
- 48 Fachbereich Stadtmarketing

Die Organisationen 11, 14, 15, 17, 18, 30 erbringen Vorleistungen (Serviceprodukte) für andere Töchter im Konzern und die ÖVB, d. h. die Organisationen 13, 19, 48 Endleistungen (Fachprodukte), folglich werden letztere unmittelbar für den Bürger tätig.

Alle Tätigkeiten der ÖVB sind in einem Produktplan erfasst. Einem ÖVB sind i. d. R. mehrere Produkte zugeordnet. Die Produktzuordnung zu den ÖVB sollte stets überschneidungsfrei sein, d. h. ein Produkt sollte nicht zum Kompetenzbereich verschiedener ÖVB gehören.

2.2.3.2 Bundes- und Landesverwaltung

Ebenso wie in kommunalen Konzernen besteht auch die Kernverwaltung in den staatlichen Konzernen aus ÖVB, die als Bundes- oder Landesbehörden bezeichnet werden. Im Gegensatz zu den kommunalen ÖVB stehen die staatlichen ÖVB in einem Unter- und Überordnungsverhältnis, was als Makroorganisation der staatlichen Verwaltung bezeichnet wird. Sie beinhaltet einen zwei- oder dreistufigen Verwaltungsaufbau, der in den Ländern in ihren jeweiligen Gesetzen über die Organisation der Landesverwaltung (LOG) festgelegt ist (siehe z. B. § 2 LOG Nordrhein-Westfalen).

Niedersachsen verfügt dagegen über kein Landesverwaltungsgesetz. Das Gesetz zur Modernisierung der Verwaltung vom 5.11.2004 hat den dreistufigen Aufbau der Landesverwaltung zum 1.1.2005 durch einen zweistufigen Verwaltungsaufbau ersetzt.

Der dreistufige Verwaltungsaufbau – so wie er typisch für die Bundesverwaltung und für einzelne große Bundesländer (Baden Württemberg, Bayern, Hessen, Nordrhein-Westfalen und Sachsen) ist – umfasst die folgenden Behörden (siehe nachfolgende Abb.):

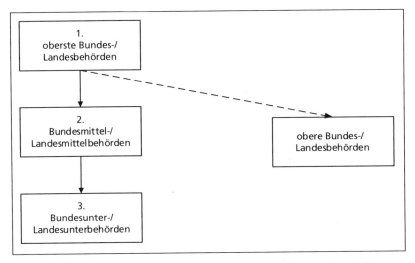

Abb. 14: Makroorganisation der Staatsverwaltung (vgl. Gornas, J. und Beyer, W.: Betriebswirtschaft in der öffentlichen Verwaltung, S. 57)

Den obersten Behörden sind Mittelbehörden und/oder die oberen Behörden nachgeordnet. Die **Mittelbehörden** verfügen mit den unteren Behörden über einen eigenen Unterbau. Dies trifft für die oberen Behörden nicht zu, da sie i. d. R. über keinen eigenen Unterbau verfügen. Bei ihnen handelt es sich um ÖVB, die eine oder mehrere zusammengehörige Spezialaufgaben flächendeckend für ihre Gebietskörperschaft wahrnehmen. Für die Mittelbehörden und ihren Unterbau gilt das Regionalprinzip, wodurch sie für ihren Aufgabenbereich nur einen regional beschränkten Zuständigkeitsbereich innerhalb ihrer Gebietskörperschaft besitzen.

Dreistufiger Verwaltungsaufbau des Bundes:

Oberste Bundesbehörden:
- das Bundespräsidialamt
- das Bundeskanzleramt
- die Bundesministerien
- der Bundesrechnungshof

Obere Bundesbehörden im Geschäftsbereich des BMI:
- das Statistische Bundesamt
- das Bundesamt für Verfassungsschutz
- das Bundeskriminalamt
- das Bundesverwaltungsamt
- das Bundesamt für Zivilschutz

- das Bundesausgleichsamt
- etc.

Mittlere Bundesbehörden im Geschäftsbereich des BMI:

- die Grenzschutzkommandos
- die Grenzschutzverwaltung (mittlerweile in Bundespolizei umbenannt)
- etc.

Untere Bundesbehörden im Geschäftsbereich der BMI:

- der Oberbundesanwalt beim Bundesverwaltungsgericht
- das Bundesarchiv
- das Institut für angewandte Geodäsie
- das Bundesinstitut für Bevölkerungsforschung und für Sportwissenschaft
- das Bundesamt für Anerkennung ausländischer Flüchtlinge
- die Bundeszentrale für politische Bildung
- die Hauptzollämter
- etc.

Zweistufiger Verwaltungsaufbau eines Flächenstaats am Beispiel des Landes Niedersachsen:

Oberste Landesbehörden:

- der Ministerpräsident des Landes
- der Landesrechnungshof
- die Landesministerien
- etc.

Obere Landesbehörden:

- das Landesamt für Geoinformation und Landesentwicklung Niedersachsen
- das Landeskriminalamt
- das Landesamt für Soziales, Jugend und Familie
- etc.

Mittelbehörden als Ausnahme des zweistufigen Verwaltungsaufbaus:

- das Landesamt für Bau & Liegenschaften
- das Landesamt für Steuern

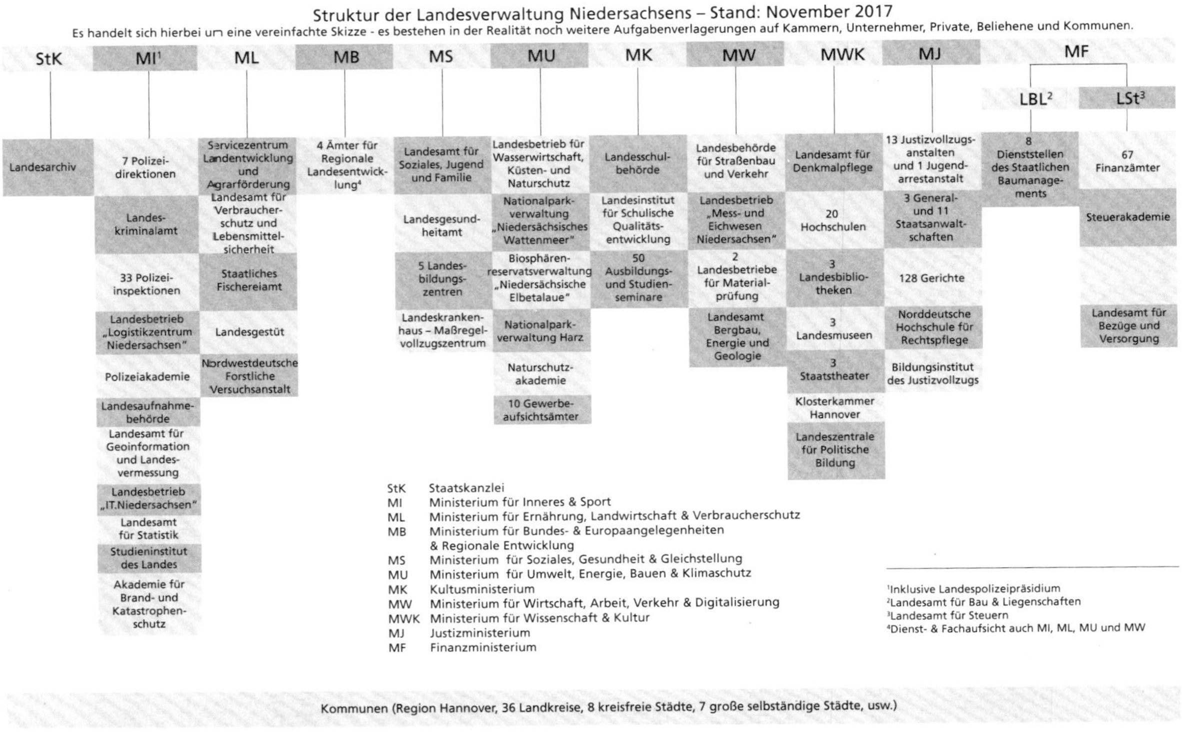

Struktur der Landesverwaltung Niedersachsens – Stand: November 2017

Es handelt sich hierbei um eine vereinfachte Skizze - es bestehen in der Realität noch weitere Aufgabenverlagerungen auf Kammern, Unternehmer, Private, Beliehene und Kommunen.

Ministerien (Spalten): StK | MI[1] | ML | MB | MS | MU | MK | MW | MWK | MJ | MF (LBL[2], LSt[3])

StK
- Landesarchiv

MI[1]
- 7 Polizeidirektionen
- Landeskriminalamt
- 33 Polizeiinspektionen
- Landesbetrieb „Logistikzentrum Niedersachsen"
- Polizeiakademie
- Landesaufnahmebehörde
- Landesamt für Geoinformation und Landesvermessung
- Landesbetrieb „IT.Niedersachsen"[4]
- Landesamt für Statistik
- Studieninstitut des Landes
- Akademie für Brand- und Katastrophenschutz

ML
- Servicezentrum Landentwicklung und Agrarförderung
- Landesamt für Verbraucherschutz und Lebensmittelsicherheit
- Staatliches Fischereiamt
- Landesgestüt
- Nordwestdeutsche Forstliche Versuchsanstalt

MB
- 4 Ämter für Regionale Landesentwicklung[4]

MS
- Landesamt für Soziales, Jugend und Familie
- Landesgesundheitsamt
- 5 Landesbildungszentren
- Landeskrankenhaus – Maßregelvollzugszentrum

MU
- Landesbetrieb für Wasserwirtschaft, Küsten- und Naturschutz
- Nationalparkverwaltung „Niedersächsisches Wattenmeer"
- Biosphärenreservatsverwaltung „Niedersächsische Elbtalaue"
- Nationalparkverwaltung Harz
- Naturschutzakademie
- 10 Gewerbeaufsichtsämter

MK
- Landesschulbehörde
- Landesinstitut für Schulische Qualitätsentwicklung
- 50 Ausbildungs- und Studienseminare

MW
- Landesbehörde für Straßenbau und Verkehr
- Landesbetrieb „Mess- und Eichwesen Niedersachsen"
- 2 Landesbetriebe für Materialprüfung
- Landesamt Bergbau, Energie und Geologie

MWK
- Landesamt für Denkmalpflege
- 20 Hochschulen
- 3 Landesbibliotheken
- 3 Landesmuseen
- Staatstheater
- Klosterkammer Hannover
- Landeszentrale für Politische Bildung

MJ
- 13 Justizvollzugsanstalten und 1 Jugendarrestanstalt
- 3 General- und 11 Staatsanwaltschaften
- 128 Gerichte
- Norddeutsche Hochschule für Rechtspflege
- Bildungsinstitut des Justizvollzugs

MF (LBL[2], LSt[3])
- 8 Dienststellen des Staatlichen Baumanagements
- 67 Finanzämter
- Steuerakademie
- Landesamt für Bezüge und Versorgung

Legende:
StK Staatskanzlei
MI Ministerium für Inneres & Sport
ML Ministerium für Ernährung, Landwirtschaft & Verbraucherschutz
MB Ministerium für Bundes- & Europaangelegenheiten & Regionale Entwicklung
MS Ministerium für Soziales, Gesundheit & Gleichstellung
MU Ministerium für Umwelt, Energie, Bauen & Klimaschutz
MK Kultusministerium
MW Ministerium für Wirtschaft, Arbeit, Verkehr & Digitalisierung
MWK Ministerium für Wissenschaft & Kultur
MJ Justizministerium
MF Finanzministerium

[1]Inklusive Landespolizeipräsidium.
[2]Landesamt für Bau & Liegenschaften
[3]Landesamt für Steuern
[4]Dienst- & Fachaufsicht auch MI, ML, MU und MW

Kommunen (Region Hannover, 36 Landkreise, 8 kreisfreie Städte, 7 große selbständige Städte, usw.)

Abb. 15: Aufbau der niedersächsischen Landesverwaltung (vgl. Innenministerium Niedersachsen: Aufbau der Landesverwaltung, o. S.)

Untere Landesbehörden:

- für die allgemeine Verwaltung: die Landkreise, und zwar in ihrer Funktion als „Untere Staatliche Aufsichtsbehörde"
- die Finanzämter als Unterbau der Oberfinanzdirektion und die Steuerakademie
- die Gewerbeaufsichtsämter
- etc.

Die Landesverwaltung in Niedersachsen umfasst Behörden, die entweder der unmittelbaren oder der mittelbaren Landesverwaltung angehören. Durch die Auflösung der Bezirksregierungen und die Zusammenführung weiterer Behörden zum 1.1.2005 erfolgte eine Umstrukturierung von einem dreistufigen zu einem grundsätzlich zweistufigen Verwaltungsaufbau.

Behörden, die zur unmittelbaren Landesverwaltung gehören, sind:

- zum einen in der Oberstufe die Ministerien, der Landesrechnungshof sowie der Präsident des Niedersächsischen Landtags
- zum anderen denen nachgeordnet einige zentrale Landesoberbehörden und dezentrale Fachbehörden auf Ortsebene

Zu den Behörden der mittelbaren Landesverwaltung zählen die Kommunen und andere Einrichtungen wie u. a. Körperschaften, Anstalten oder Stiftungen des öffentlichen Rechts. Weitere Beispiele sind die unterschiedlichen Kammern (darunter die Landwirtschaftskammern, Industrie- und Handelskammern, Handwerkskammern, Apothekerkammern usw.) oder auch der TÜV aufgrund seiner Aufgabenwahrnehmung als beliehener Unternehmer.

Bei den Landesbetrieben nach § 26 LHO handelt es sich um Sonderformen, die im Bundesland Niedersachsen im Vergleich zu anderen Bundesländern häufig eingerichtet worden sind. Auf der einen Seite lassen sich die Landesbetriebe der unmittelbaren Landesverwaltung zuordnen, auf der anderen Seite wird aber im Gegensatz zu einer Behörde hier eine betriebswirtschaftliche Geschäftsführung realisiert (vgl. Innenministerium Niedersachsen: Aufbau der Landesverwaltung, o. S.).

Verwaltungsaufbau eines Stadtstaats am Beispiel der Freien und Hansestadt Hamburg:
Der dortige Behördenaufbau lässt sich differenzieren in (vgl. Stadt Hamburg: Hamburg Handbuch, S. 19 ff.):

- sieben besondere Behörden und Organe
- zwei Senatsämter
- zehn Fachbehörden
- sieben Bezirksämter

Als besondere Behörden und Landesorgane sind vorhanden:

- der Rechnungshof
- der Beauftragte für Datenschutz und Informationsfreiheit
- die Gesamtvertrauensperson der schwerbehinderten Beschäftigten im öffentlichen Dienst
- der Landespersonalausschuss
- der Richterwahlausschuss
- die Kommission für Bodenordnung
- die Kommission für Stadtentwicklung

Die zwei Senatsämter, die als oberste Landesbehörden charakterisiert werden können, sind:

- die Senatskanzlei
- das Personalamt

Die zehn Fachbehörden übernehmen Aufgaben wie oberste Landesbehörden, auch wenn sie nicht so genannt werden:

- die Behörde für Justiz und Gleichstellung
- die Behörde für Schule und Berufsbildung
- die Behörde für Wissenschaft und Forschung
- die Kulturbehörde
- die Behörde für Arbeit, Soziales und Integration
- die Behörde für Gesundheit und Verbraucherschutz
- die Behörde für Wirtschaft, Arbeit, Verkehr und Innovation
- die Behörde für Stadtentwicklung und Umwelt
- die Behörde für Inneres und Sport
- die Finanzbehörde

Die sieben Bezirksämter, die größtenteils Aufgaben wahrnehmen, die in den Ländern die unteren Landesbehörden erfüllen, sind:

- das Bezirksamt Altona
- das Bezirksamt Eimsbüttel
- das Bezirksamt Hamburg-Mitte
- das Bezirksamt Hamburg-Nord
- das Bezirksamt Wandsbek
- das Bezirksamt Bergedorf
- das Bezirksamt Harburg

Jedes Bezirksamt verfügt über die folgenden Dezernate mit den jeweiligen Fachämtern:

- Dezernat für Steuerung und Service
  - Fachamt Interner Service
  - Fachamt Personalservice
  - Fachamt Ressourcensteuerung

- Dezernat für Bürgerservice
  - Fachamt Einwohnerwesen („Einwohneramt")
  - Fachamt Personenstandswesen („Standesamt")
- Dezernat Soziales, Jugend und Gesundheit
  - Fachamt für Grundsicherung und Soziales
  - Fachamt Sozialraummanagement
  - Fachamt Jugend- und Familienhilfe („Jugendamt")
- Dezernat Wirtschaft, Bauen und Umwelt
  - Fachamt Stadt- und Landschaftsplanung
  - Fachamt Management des öffentlichen Raums
  - Fachamt Verbraucherschutz, Gewerbe und Umwelt

2.2.3.3 Dezentralisation und Dekonzentration

Diese Makroorganisation ist Verwaltungsreformen ausgesetzt. In diesen Reformen geht es um die horizontale und vertikale Vereinfachung dieser Hierarchien:

- vertikal durch Auflösung einer Behördenebene (von der Dreistufigkeit zur Zweistufigkeit)
- horizontal durch die Verminderung der Zahl der Behörden auf einer Hierarchieebene

Dezentralisation und **Dekonzentration** sind voneinander zu unterscheiden:

- **Dezentralisation** konzentriert sich auf die Schaffung neuer unabhängiger Verwaltungsträger (z. B. neue obere Behörde).
- **Dekonzentration** fokussiert hingegen eine interne Ausdifferenzierung des Verwaltungsapparats. Somit werden durch Dekonzentration innerhalb eines Verwaltungsapparates **neue** Organisationseinheiten geschaffen bzw. gegründet (Ämter, Einrichtungen etc.). Eine Erhöhung der Zahl der Regierungspräsidien in Bayern stellt beispielsweise einen Akt der Dekonzentration dar, während im Umkehrschluss die Verminderung einen **Konzentrationsakt** bedeutet. Das gleiche gilt für die Finanzämter in Deutschland.

Der Übergang zwischen **Dezentralisation** und **Dekonzentration** ist gleitend und nicht hundertprozentig voneinander abgrenzbar. Im Rahmen einer **Dekonzentration** ist es möglich, Organisationseinheiten zu bilden, die in gewissem Maße wirtschaftlich arbeiten und organisatorisch selbstständig sind. Rechtlich autonom sind derartige öffentliche Verwaltungsbetriebe nicht, da sie keine vollständige Rechtsfähigkeit besitzen.

Als Patentlösung zur Entschuldung und Sanierung der öffentlichen Haushalte wird daher oftmals die **Dezentralisation** gerühmt. Diese wird häufig mit dem Begriff „Privatisierung" verbunden.

2.2.3.4 Aufgabenträgerschaft und Aufgabenverantwortung

Die öffentliche Verwaltung unterscheidet drei Formen der „Privatisierung":

(I) **Aufgabenträgerschaft und Aufgabenverantwortung sind in privater Hand** (dies betrifft freiwillige Selbstverwaltungsaufgaben z. B. privater Seniorenheime, Theater, Kultureinrichtungen). Die Privatisierung erfolgt teil- oder vollmateriell.

(II) **Aufgabenträgerschaft ist in privater Hand, die Aufgabenverantwortung ist hingegen in öffentlicher Hand** (bezogen auf Pflichtaufgaben wie beispielsweise die Abfallentsorgung oder die Abwasserbeseitigung).

(III) **Aufgabenträgerschaft und Aufgabenverantwortung sind und bleiben in der öffentlichen Hand.** Es werden allerdings Organisationsprivatisierungen in Form von Eigengesellschaften (GmbH, AG) vollzogen, sodass von einer formellen Privatisierung gesprochen werden kann.

Fall (I) stellt die äußerste Form der Privatisierung dar, weil eine öffentliche Aufgabe in private Hände gegeben wird. Ein Risiko stellt jedoch die politische Gebundenheit der Kommune nach erfolgter vollmaterieller Privatisierung dar, obwohl keine rechtliche Verpflichtung besteht. Dies ist z. B. gegeben, wenn die Schließung des privaten Seniorenheims oder Theaters droht, obwohl Trägerschaft und Verantwortung bei Privaten liegen und es politisch und für das Gemeinwohl sinnvoll sein kann, diese privaten Träger finanziell zu unterstützen, um die Kommune für den Bürger und für Unternehmen attraktiv zu halten.

Fall (II) wird als **Privatisierung** häufig diskutiert in Bezug auf die Einbeziehung privater Dienstleistungsbetriebe in die Wahrnehmung öffentlicher Aufgaben. Problematisch ist diese Organisationsform insofern, als dass die Verantwortung einer ordnungsgemäßen Aufgabenwahrnehmung gegenüber dem Bürger bei pflichtigen Selbstverwaltungsaufgaben weiterhin bei der Kommune verbleibt. Jene trägt also das Verantwortungsrisiko für Entscheidungshandlungen, die nicht sie selbst, sondern private Drittunternehmen ausführen. Extensive Kontrollmechanismen durch die öffentliche Hand sind i. d. R. ausgeschlossen, da diese beim Privaten erfahrungsgemäß wenig Anklang finden. Interessenskonflikte und damit Gefahren der Gewährleistung der Aufgabenwahrnehmung sind somit wahrscheinlich. Notwendig sind detaillierte Verträge mit dem Privaten und ein intensives Vertragscontrolling von Seiten der Kommune.

Im Fall (III) handelt es sich um eine formelle **Privatisierung.** Hier wird kein privater Dritter mit der Aufgabenwahrnehmung betraut, denn ausschließlich die Gebietskörperschaft ist Gesellschafter solcher neu gegründeten, privatrechtlich organisierten Unternehmen. Derartige Eigengesellschaften bieten hinsichtlich der Wahrnehmung öffentlicher Aufgaben die Möglichkeit einer Steigerung der Wirtschaftlichkeit (Effizienz) sowie der Wirksamkeit (Effektivität) der Erfüllung der öffentlichen Aufgaben, da diese aufgrund ihrer rechtlichen Verselbstständigung nicht mehr in die Verwaltungshierarchie eingebunden sind. Somit sind sie auch nicht durch die engen Grenzen des öffentlichen Haushaltsrechts eingeschränkt. Aus praktischer Sicht ist diese Form der Privatisierung auch für Aufgaben geeignet, die unter Umständen nicht einmal kostendeckend erfüllt werden können. Dies trifft z. B. bei der Wirtschaftsförderung, bei Theatern, bei Volks- und Musikschulen sowie bei öffentlichen Sport- und Freizeiteinrichtungen zu. Eine stetige Prüfung auf Privatisierung weiterer Aufgabenbereiche zur Steigerung der Effizienz und Effektivität ist daher aus wirtschaftlichen Gründen empfehlenswert.

Darüber hinaus wird der Begriff der Privatisierung auch ohne Bezug zu öffentlichen Aufgaben verwendet, so z. B. in Zusammenhang mit dem Verkauf von Beteiligungen an wirtschaftlichen Unternehmen an private Anteilseigner. Denn die öffentliche Hand darf sich gemäß § 136 I NKomVG an Unternehmen zur wirtschaftlichen Betätigung nur beteiligen oder sie gründen, wenn ein dringender öffentlicher Zweck dies notwendig macht. Liegt ein solcher Zweck nicht (mehr) vor, muss sich die Kommune streng genommen von diesen Beteiligungen trennen.

Privatisierung stellt nur einen Teil der **Funktionalreform** dar, deren Konzept folgende Aspekte umfasst:

- die Möglichkeit der Anwendung und des Einsatzes dieser drei Privatisierungsformen in Zusammenhang mit der Wahrnehmung von öffentlichen Aufgaben sowie
- die Verteilung bzw. Zuordnung öffentlicher Aufgaben innerhalb der öffentlichen Verwaltung, insbesondere zwischen staatlicher und kommunaler Verwaltungsebene bzw. innerhalb der kommunalen Verwaltungsebenen (vgl. Gornas, J.: Funktionalreform, S. 4 ff.).

2.2.3.5 Rekommunalisierung

Die Gegenbewegung der Privatisierung ist seit der Weltwirtschaftskrise 2008 die **Rekommunalisierung**. Es zeigt sich vermehrt eine Unzufriedenheit des Bürgers mit privatisierten Produkten der kommunalen Daseinsvorsorge und damit ein Paradigmenwechsel in der Politik, insbesondere auf kommunaler Ebene. Auch die in Niedersachsen geplante Änderung des Kommunalverfassungsrechts zur wirtschaftlichen Betätigung (§ 136 NKomVG) trägt dazu bei.

Als Rekommunalisierung wird auf kommunaler Ebene eine erneute Wahrnehmung ehemals privatisierter kommunaler Aufgaben durch die Kommune bezeichnet. Rekommunalisierung setzt folglich eine Privatisierung im materiellen Sinne in der Vergangenheit voraus. Dabei gibt es unterschiedliche Vorgehensweisen:

- Wiederaufgreifen von Aufgaben durch einen vorhandenen Aufgabenträger
- Neugründung von Eigengesellschaften zur Realisierung von Aufgaben

- Erhöhung des Kapitalanteils an gemischtwirtschaftlichen Unternehmen

Als **Chancen** der Rekommunalisierung sind zu sehen:

- Bessere Leistungsqualität für die Stakeholder (Anspruchsgruppen), d. h. insbesondere für den Bürger und für die ansässigen Unternehmen
- Für Stakeholder niedrigere Gebühren, Abgaben und eigene interne Kosten
- Höhere Zufriedenheit der Stakeholder
- Höhere Versorgungssicherheit für die Gemarkung
- Stärkung der kommunalen Zusammenarbeit
- Langfristige und nachhaltige Investitionen
- Vermeidung eines Investitionsstaus bei der kommunalen Infrastruktur
- Verwirklichung des Konzerngedankens
- Möglichkeit einer angemessenen Gewinnerzielung im Rahmen wirtschaftlicher Betätigung bei gleichzeitiger Erfüllung der öffentlichen Aufgabe
- Legale Steuerminimierung durch Quersubventionierung und dadurch Finanzierung von defizitären kommunalen Aufgaben
- Gewinnausschüttungen an die Konzernmutter zur Finanzierung des Kernhaushalts

Als **Risiken** der Rekommunalisierung sind zu nennen:

- Zunahme der Verschuldung bei der Konzernmutter, den Konzerntöchtern und beim Konzern Kommune
- Gefahr der steigenden Fremdkapitalzinsen in den nächsten Jahren
- Haushaltsrisiken für die Konzernmutter bei etwaigen Nachschusspflichten, Bürgschaften oder notwendigen Kapitalerhöhungen
- Rechtlicher Bestandschutz der Investitionen nicht vorhanden
- Gefahr des Abschreibungsbedarfs bei Investitionen der Konzerntochter und für den Beteiligungswert der Konzerntochter in der Bilanz der Konzernmutter
- Erhöhung der Management- und Controllingkosten innerhalb der Konzernmutter
- Gefahr der zu hohen, aber politisch gewollten Gewinnausschüttung
- Integrationskosten durch Eingliederung in den Konzern Kommune
- Fehlende Fachkenntnisse in den Aufsichtsräten der Kapitalgesellschaften durch politisch besetzte Aufsichtsratsmandate mit Mitgliedern der Vertretung
- Probleme bei der Besetzung von Vorstands- und Geschäftsführerposten

Beispiele für **Rückkäufe und Netzübernahmen** als Instrument der Rekommunalisierung sind:

- Kauf der Thüga Holding GmbH und Co. KGaA von der E.On Ruhrgas durch das Integra-Konsortium (Stadtwerke Hannover, Stadtwerke

Nürnberg, Stadtwerke Frankfurt am Main und der Kom9 GmbH & Co. KG, einem Zusammenschluss aus lokalen und regionalen Energie- und Wasserversorgungsunternehmen) (vgl. Thüga Holding GmbH und Co. KGaA: Geschäftsbericht, S. 14)

• Übernahme von Strom- bzw. Gaskonzessionen in der Stadt Springe durch die Stadtwerke Hameln GmbH, nachdem die Konzession von E.On Avacon von der Stadt Springe nicht verlängert wurde (vgl. Verband Kommunaler Unternehmen e. V.: Stadtwerke Hameln GmbH, S. 1 ff.)

• Stadtwerke Schneverdingen GmbH kaufen zusätzliche Energienetze im Umland (vgl. Verband Kommunaler Unternehmen e. V.: Stadtwerke Schneverdingen GmbH, S. 1 ff.)

Neugründungen von Stadtwerken als Instrument der Rekommunalisierung (vgl. Verband Kommunaler Unternehmen e. V.: Rekommunalisierung – Ansprechpartner, S. 1 ff.):

• Stadtwerke Speyer GmbH
• Energieversorgung Halle GmbH
• Energieversorgung Elbtalaue GmbH
• Stadtwerke Landsberg am Lech KU
• Stadtwerke Lohmar GmbH & Co. KG
• Stadtwerke Norden GmbH
• Stadtwerke Energie Horb am Neckar GmbH
• Energieversorgung Denzlingen GmbH & Co. Netz KG
• Energieversorgung Mainhardt Wüstenrot GmbH & Co. KG
• Gemeinsame Stadtwerke Münsterland GmbH und Co. KG
• Hagnauer Gemeindewerke GmbH
• Regionalwerk Bodensee GmbH & Co. KG
• Stadtwerke Großalmerode GmbH & Co. KG
• Stadtwerke Heiligenhafen Eigenbetrieb
• Stadtwerke Müllheim-Staufen GmbH
• Stadtwerke Pulheim GmbH
• Stadtwerke Schmalkalden GmbH
• Stadtwerke Springe GmbH
• Gemeindewerke Umkirch GmbH
• Stadtwerke Weserbergland GmbH
• Stadtwerke Uetersen GmbH

Rekommunalisierung kann für alle Kommunen und für Stakeholder ein Erfolg sein, aber es dürfen keine überstürzten Entscheidungen getroffen werden.

Eine rein qualitative Betrachtung ist nicht möglich, sondern hier ist eine Einzelfallanalyse notwendig. Die Einführung eines kommunalen Risikomanagements ist wegen Gesetzesänderungen eine Voraussetzung. Entscheidungen über Rekommunalisierung sind an dynamischen Methoden wie z. B. Nutzen-Kosten-Analysen sowie Wirksamkeitsanalyse bzw.

Kapitalwertmethode für die jeweils unterschiedlichen Szenarien (worst, real und best case) und nicht nur anhand statischer Methoden festzumachen. Die Entscheidungen dürfen nicht ideologisch getroffen werden, d. h. Parteipolitik muss außen vor bleiben, und unabhängige Fachleute und Wissenschaft müssen diese mit Gutachten fundieren. Letztlich ist Rekommunalisierung auf Basis von Sachzielen sowie auf der Grundlage von Wirtschaftlichkeit und Sparsamkeit zu treffen. Dabei müssen weitreichende Entscheidungen an den Stakeholdern und nicht an Shareholdern ausgerichtet sein.

2.2.4 Verselbstständigte Konzernbetriebe

2.2.4.1 Merkmale

Die verselbstständigten Konzernbetriebe in kommunalen Konzernen weisen die folgenden grundlegenden Merkmale auf:

- Sie besitzen eine weitgehende organisatorische Selbstständigkeit, indem sie über eigene Leitungsgremien bzw. -organe verfügen.
- Sie sind als Nettobetriebe im Haushalt ihrer Muttergesellschaft nur mit ihrem Ergebnis enthalten, d. h. mit dem an den Haushalt abzuführenden Überschuss oder dem abzudeckenden Fehlbetrag.
- Sie erstellen eine eigene Wirtschafts- und Finanzplanung, die nicht als Bestandteil, sondern als Anlage zum Haushaltsplan geführt wird. Dadurch sind sie nicht den haushaltsrechtlichen Vorschriften unterworfen.
- Ihre Wirtschafts- und Finanzplanung erfolgt nach kaufmännischen Grundsätzen. Sie finanzieren sich nicht wie die ÖVB nach dem Grundsatz der Gesamtdeckung, sondern ausschließlich durch eigene Erträge. Unter Umständen erhält der Konzernbetrieb einen Defizitausgleich aus allgemeinen Deckungsmitteln aus dem Haushalt der Gebietskörperschaft.
- Sie sind entweder in öffentlich-rechtlicher oder in privatrechtlicher Form organisiert. Je nach Rechtsform treten die oben genannten Merkmale in unterschiedlichen Inhalten und Ausprägungen auf.

Die folgende Erörterung der verselbstständigten Konzernbetriebe in der Rechtsform des öffentlichen und privaten Rechts beschränkt sich im Wesentlichen auf die Darstellung der Organisation und Kompetenzen der Leitungsgremien bzw. -organe, die in jeweiligen Gesetzen und Verordnungen vorgegeben sind. Gerade die Kompetenzen der Leitungsgremien bzw. Leitungsorganen zeigen im Zusammenwirken mit der Leitung der Muttergesellschaft die Möglichkeiten auf, den jeweiligen öffentlichen Auftrag oder Zweck durchzusetzen.

Dagegen ist das Rechnungswesen durchgängig kaufmännisch aufgebaut. Unterschiede ergeben sich im Detail, so z. B. bei den vorgegebenen Kontenrahmen und den daraus abgeleiteten Kontenplänen.

2.2.4.2 Öffentlich-rechtliche Formen

2.2.4.2.1 Eigenbetriebe in kommunalen Konzernen

Der Eigenbetrieb verfügt über keine eigene Rechtspersönlichkeit, er besitzt aber eine Reihe von Eigenschaften juristischer Personen. Das Eigenbetriebsrecht ist länderweise geregelt (z. B. in Nds. durch eine EigBetrVO, in Nordrhein-Westfalen durch eine EigBetrVO und in Hessen durch ein EigBGes).

Dadurch, dass dem Eigenbetrieb die rechtliche Selbstständigkeit fehlt, ist das Personal und das Vermögen des Eigenbetriebs immer auch das Personal und das Vermögen des Trägers. Jedoch wird der Eigenbetrieb als Sondervermögen der Kommune behandelt. Der Eigenbetrieb ist zwischen der Kernverwaltung und den rechtlich selbstständigen Formen einzuordnen (vgl. Brede, H.: Grundzüge der Öffentlichen Betriebswirtschaftslehre, S. 80).

Auch wenn diese Form länderweise geregelt ist und die Leitungsgremien dort unterschiedlich bezeichnet werden, so sind sie nach Art und Kompetenzen weitgehend vergleichbar. Aus diesem Grunde wird im Folgenden die Darstellung der Leitungsgremien auf die Regelungen in der Eigenbetriebsverordnung des Landes Niedersachsen beschränkt.

Zu den unmittelbaren Leitungsgremien des Eigenbetriebs gehören die **Betriebsleitung** und der **Betriebsausschuss**. Der **Hauptverwaltungsbeamte** und die **Vertretung** werden als mittelbare Leitungsgremien angesehen.

Nachfolgend sind die Struktur sowie die wesentlichen Aufgaben und Kompetenzen dieser Leitungsgremien skizziert:

- **Die Betriebsleitung:**
  Struktur:
  – Sie besteht aus einem oder mehreren Mitgliedern (§ 2 II EigBetrVO Nds.).
  – Bei mehreren Mitgliedern bestimmt die Betriebssatzung, wie bei Meinungsverschiedenheiten in der Betriebsleitung zu verfahren ist (§ 2 II EigBetrVO Nds.).
  Aufgaben:
  – Ihr obliegt die Bestimmung der inneren Organisation des Eigenbetriebs (§ 2 II EigBetrVO Nds.).
  – Sie zeichnet unter Angabe des Namens des Eigenbetriebs (§ 2 III EigBetrVO Nds.).
  – Sie führt die laufenden Geschäfte des Eigenbetriebs (§ 140 IV NKomVG).
  – Sie ist für die rechtzeitige Unterrichtung des Hauptverwaltungsbeamten über alle wichtigen Angelegenheiten zuständig (§ 3 II EigBetrVO Nds.).

- **Der Betriebsausschuss:**
  Struktur:
  - Für die Eigenbetriebe sind Betriebsausschüsse zu bilden (§ 140 II NkomVG).
  - Für mehrere Eigenbetriebe der Kommune kann ein gemeinsamer Betriebsausschuss gebildet werden (§ 3 I EigBetrVO Nds.).
  - Nach Ablauf der Wahlperiode und bei Auflösung der Vertretung führt der Betriebsausschuss seine Tätigkeit bis zur ersten Sitzung des neu besetzten Betriebsausschusses fort (§ 3 III EigBetrVO Nds.).

  Aufgaben:
  - Er kann durch die Vertretung laut Betriebssatzung bestimmte Angelegenheiten zur eigenen Entscheidung übertragen bekommen (§ 140 III NKomVG).
  - Er hat die Aufgabe, wichtige Angelegenheiten des Eigenbetriebs zu verfolgen, wie z. B. mindestens halbjährlich die Entwicklung der Erträge und Aufwendungen des Eigenbetriebs. Ist ein Vermögensplan aufzustellen, so hat der Betriebsausschuss auch die Abwicklung des Eigenbetriebs zu verfolgen (§ 3 II EigBetrVO Nds.).
- **Der Hauptverwaltungsbeamte:**
  Aufgaben:
  - Ist er der Auffassung, dass ein Beschluss des Betriebsausschusses das Gesetz verletzt, die Befugnisse des Ausschusses überschreitet oder das Wohl der Kommune gefährdet, so hat er eine Entscheidung des Hauptausschusses herbeizuführen (§ 140 III NKomVG).
  - Er regelt die Geschäftsverteilung innerhalb der Betriebsleitung mit Zustimmung des Betriebsausschusses per Dienstanweisung (§ 2 II EigBetrVO Nds.).
  - Er hat die Aufgabe der Koordinationsfunktion, indem er im Interesse der Einheitlichkeit der Verwaltungsführung Weisungen erteilen kann (nach § 2 I EigBetrVO Nds.).
  - Er ist zugleich disziplinarischer Vorgesetzter (§ 85 III NKomVG).
- **Die Vertretung:**
  Aufgaben:
  - Sie stellt den Wirtschaftsplan fest, da für Sondervermögen besondere Haushaltspläne aufgestellt werden können (§ 130 IV NKomVG).
  - Sie beschließt über Jahresabschluss und Lagebericht sowie über die Entlastung der Betriebsleitung und entscheidet über die Verwendung des Jahresgewinns bzw. über die Behandlung eines Jahresverlusts (§ 33 EigBetrVO Nds.).

Ursprünglich wurde diese Rechtsform nur für Konzernbetriebe mit der Zielsetzung einer wirtschaftlichen Betätigung angewandt. Mittlerweile werden auch Eigenbetriebe mit nicht-wirtschaftlicher Betätigung in dieser

Form geführt. Soweit die Anwendung des Eigenbetriebsrechts bei diesen Betrieben auf die Art der Wirtschaftsführung und des Rechnungswesen beschränkt bleibt, d. h. einer nicht-wirtschaftlichen Betätigung nachgegangen wird, werden sie als **eigenbetriebsähnliche Einrichtung** bezeichnet.

In den letzten zwei Jahrzehnten wurden vermehrt Teile der Kernverwaltung in Eigenbetriebe oder eigenbetriebsähnliche Einrichtungen überführt. Aber auch Eigenbetriebe wurden in Gesellschaften mit beschränkter Haftung umgewandelt. Eine GmbH oder AG wird als Eigengesellschaft bezeichnet, wenn alle Kapitalanteile vom Träger allein gehalten werden.

In den Bundesländern, wo dies nach den jeweiligen Gemeindeordnungen/Kommunalverfassungen rechtlich möglich ist, wurden Eigenbetriebe in Anstalten des Öffentlichen Rechts – d. h. in Kommunalunternehmen – transformiert. Träger von Eigenbetrieben können nicht nur die kommunalen Gebietskörperschaften sein, sondern auch Zweckverbände oder andere öffentlich-rechtliche Rechtsformen.

2.2.4.2.2 Bundes- und Landesbetriebe in staatlichen Konzernen

Nach § 26 BHO/LHO haben Bundesbetriebe/Landesbetriebe einen eigenen Wirtschaftsplan außerhalb des kameralen Haushalts aufzustellen, wenn ein Wirtschaften nach Einnahmen und Ausgaben des kameralen Haushalts nicht zweckmäßig ist. Ebenso wie die kommunalen Eigenbetriebe führen sie eine kaufmännische Buchhaltung und erstellen einen Rechnungsabschluss mit Bilanz und Gewinn- und Verlustrechnung wie in privatrechtlichen Unternehmen.

In organisatorischer Hinsicht verfügen sie ebenso wie die Eigenbetriebe über keine eigene Rechtspersönlichkeit und besitzen noch nicht einmal einen organisatorischen Autonomiegrad, denn in der BHO/LHO werden zu den Leitungsgremien dieses Betriebstyps keine weiteren Angaben gemacht.

Diese BHO-/LHO-Betriebe sind nachgeordnete Dienststellen in der Bundes- bzw. der Landesverwaltung. Ihre Betriebsleitungen haben den Weisungen der vorgesetzten Dienststellen Folge zu leisten. Sie gehören wie Ober- und Mittelbehörden zum Geschäftsbereich eines Ministeriums als oberste Behörde.

So verfügt das Land Niedersachsen beispielsweise über folgende Landesbetriebe:

- Landesvermessung und Geobasisinformation (LGN)
- Niedersächsischer Landesbetrieb für Wasserwirtschaft, Küsten und Naturschutz (NLWKN)
- Landesbetrieb für Mess- und Eichwesen
- bis 31.12.2013 Landesbetrieb für Statistik und Kommunikationstechnologie (LSKN) und seit 1.1.2014 als Landesbetrieb IT.Niedersachsen

2.2.4.2.3 Anstalten

Es gibt rechtlich selbstständige und rechtlich unselbstständige Anstalten. Da letztere den Eigenbetrieben ähneln, werden sie hier nicht näher betrachtet (vgl. Brede, H.: Grundzüge der Öffentlichen Betriebswirtschaftslehre, S. 81). Ursprünglich war die Errichtung einer Anstalt des öffentlichen Rechts nur möglich, wenn dafür ein spezielles Gesetz auf Landesebene erlassen wurde. Seit einiger Zeit können anstaltsähnliche kommunale Betriebe auch ohne spezielles Landesgesetz gegründet werden. Voraussetzung ist, dass die jeweilige Gemeindeordnung bzw. Kommunalverfassung dies vorsieht.

2.2.4.2.3.1 Anstalten aufgrund eines speziellen Gesetzes

Diese Anstalt ist nicht wie eine Personenkörperschaft mitgliedschaftlich verfasst, d. h. sie hat **Nutzer,** aber keine **Mitglieder.** Sie hält für die Wahrnehmung ihrer öffentlichen Aufgaben einen Apparat personeller und sächlicher Mittel bereit. Die Anstalt stellt eine juristische Person öffentlichen Rechts dar und bedarf zu ihrer Errichtung eines speziellen Gesetzes. Sie muss daher abgegrenzt werden von den unselbstständigen Betrieben der Kernverwaltung, die teilweise auch als Anstalten bezeichnet werden, im kommunalen Bereich beispielsweise die Badeanstalten und im staatlichen Bereich die Justizvollzugs-, Bildungs- und Heilanstalten.

Die Rechtsform der Anstalt ist insbesondere im öffentlich-rechtlichen Kreditgewerbe anzutreffen. Dort werden unter anderen folgende Kreditinstitute als Anstalt des öffentlichen Rechts geführt:

- Landesbanken
- Kommunale Sparkassen
- Kreditanstalt für Wiederaufbau (KfW)
- Bundesbank

Im Folgenden wird diese Rechtsform anhand der kommunalen Sparkassen auf der Grundlage des Gesetzes über die Sparkassen sowie über die Sparkassen- und Giroverbände (Niedersächsisches Sparkassengesetz – NSpG) dargestellt.

Als Organe fungieren gemäß § 8 NSpG der **Vorstand** und der **Verwaltungsrat** mit seinem **Kreditausschuss.**

Die Struktur des **Vorstands** ist in § 9 NSpG beschrieben:

- Der Vorstand besteht aus dem Vorsitzenden und einem weiteren Mitglied oder weiteren Mitgliedern (§ 9 I NSpG).
- Die Zahl der Mitglieder wird durch die Satzung der Sparkasse bestimmt (§ 9 I NSpG).
- Vorstandsmitglieder werden mit Zustimmung des Trägers durch den Verwaltungsrat für die Dauer von längstens fünf Jahren bestellt (§ 9 II NSpG).
- Der Vorsitzende des Vorstands verteilt die Geschäfte im Rahmen der vom Verwaltungsrat zu erlassenden Geschäftsordnung (§ 9 III NSpG).

Die Aufgaben des **Vorstands** sind in § 10 NSpG aufgeführt:

- Der Vorstand leitet die Sparkasse in eigener Verantwortung. Er vertritt die Sparkasse gerichtlich und außergerichtlich. Er hat bei seiner Geschäftsführung die Sorgfalt eines ordentlichen und gewissenhaften Geschäftsleiters anzuwenden (§ 10 I NSpG).
- Auf Verlangen des Verwaltungsrats hat der Vorstand diesem über bestimmte Angelegenheiten der Sparkasse zu berichten (§ 10 II NSpG).
- Der Vorstand hat dem Verwaltungsrat regelmäßig und rechtzeitig zu berichten über
  - die beabsichtigte Geschäftspolitik und andere grundsätzliche Fragen der künftigen Geschäftsführung,
  - den Gang der Geschäfte und die Lage der Sparkasse und
  - Geschäfte und Entwicklungen, die für die Sparkasse von besonderer Bedeutung sein können (§ 10 III NSpG).
- Der Vorsitzende des Verwaltungsrats ist aus sonstigen wichtigen Anlässen zu informieren. Der Vorsitzende des Verwaltungsrats hat die anderen Mitglieder des Verwaltungsrats über diese Berichte spätestens in der nächsten Sitzung in Kenntnis zu setzen (§ 10 IV NSpG).
- Gegenüber Vorstandsmitgliedern wird die Sparkasse durch den Verwaltungsrat gerichtlich und außergerichtlich vertreten (§ 10 V NSpG).

Der **Verwaltungsrat**, der vom kommunalen Beschlussorgan bestellt wird und in bestimmten Fällen dessen Weisungen unterliegt, wird auf Zeit bestellt. Seine wesentlichen Aufgaben sind:

- Überwachung des Vorstands (§ 16 I NSpG)
- Bestellung des Vorstands (§ 16 II NSpG)
- Bestimmung der Richtlinien der Geschäftspolitik (§ 16 IV NSpG)
- Wahl der Mitglieder des Kreditausschusses (§ 20 NSpG)

Der Kreditausschuss ist ein Ausschuss des Verwaltungsrats. Die Struktur des **Kreditausschusses** ist in § 20 NSpG beschrieben:

- Er besteht aus dem Vorsitzenden sowie mindestens zwei, höchstens vier vom Träger entsendeten weiteren Mitgliedern des Verwaltungsrats. Den Vorsitz führt der Vorsitzende des Verwaltungsrats; im Fall einer Verhinderung der aus dem Kreis des Kreditausschusses gewählte stellvertretende Vorsitzende. Für die weiteren Mitglieder des Kreditausschusses wählt der Verwaltungsrat jeweils einen Stellvertreter aus seinen nach § 11 I S. 2 Nr. 2 NSpG vom Träger entsendeten Mitgliedern (§ 20 I NSpG).
- Beschlüsse über die Vergabe eines Kredits dürfen nur gefasst werden, wenn die für die Vergabe des Kredits zuständigen Mitglieder des Vorstands anwesend sind. Die übrigen Vorstandsmitglieder sollen an den Sitzungen des Kreditausschusses teilnehmen (§ 20 II NSpG).

Die Satzung der Sparkasse kann weitere beratende Ausschüsse des Verwaltungsrats vorsehen. Bei der Besetzung sind die Mitglieder nach § 11 I S. 2 Nr. 3 NSpG zu berücksichtigen (§ 20 III NSpG).

Die Aufgaben des **Kreditausschusses** sind gemäß § 20 NSpG:

- Der Kreditausschuss wirkt nach Maßgabe der Satzung bei der Kreditvergabe mit.
- Der Kreditausschuss beschließt mit einfacher Stimmenmehrheit der anwesenden Mitglieder, soweit nicht durch Gesetz oder Satzung etwas anderes bestimmt ist. Der Kreditausschuss ist beschlussfähig, wenn der Vorsitzende oder der stellvertretende Vorsitzende und mehr als die Hälfte seiner weiteren Mitglieder anwesend sind (§ 20 II NSpG).

Die Sparkasse hat keine Gesellschafterversammlung. Ihre Aufgaben werden vom Verwaltungsrat wahrgenommen.

Problematisch an dieser Rechtsform für Banken des öffentlich-rechtlichen Kreditgewerbes sind die **Gewährträgerhaftung** und die **Anstaltslast**. Diese Merkmale wurden von der Brüsseler Wettbewerbskommission als wettbewerbsschädigend eingestuft:

- **Gewährträgerhaftung** bedeutet, dass nicht nur das Vermögen der Bank für ihre Verbindlichkeiten haftet, sondern letztendlich der öffentliche Haushalt der Konzernmutter, d. h. die jeweilige Gebietskörperschaft, zu der die Sparkasse oder Landesbank gehört.
- **Anstaltslast** bezeichnete bis dahin die Verpflichtung der jeweiligen Gebietskörperschaft, ihre Sparkasse oder Landesbank mit Kapital so auszustatten, dass sie ihre Aufgaben ordnungsgemäß erfüllen kann.

Des Weiteren sind auch Beihilfen ohne die Genehmigung der Brüsseler Wettbewerbskommission verboten.

Sparkassen und zum Teil auch Krankenhäuser werden von der kommunalen Gebietskörperschaft in der Rechtsform der Anstalt des öffentlichen Rechts betrieben. Besonderheit bei den Sparkassen ist, dass die Konzernmutter nur begrenzten Einfluss auf die Verwendung des Jahresüberschusses hat und den ihr zustehenden Teil am Gewinn für gemeinnützige Zwecke verwenden muss. Durch die weitgehende Unabhängigkeit der Sparkasse von der kommunalen Gebietskörperschaft steht sie nicht unter einer einheitlichen Leitung des Konzerns Kommune, sodass sie derzeit nicht in eine Konzernsteuerung miteinbezogen werden kann. Außerdem wird sie nicht im Gesamtabschluss der Kommune konsolidiert (§ 128 IV S. 2 NKomVG) (vgl. Barthel, T.: Beteiligungscontrolling im öffentlichen Bereich, S. 96 ff.).

2.2.4.2.3.2 Kommunale Unternehmen in Form einer öffentlich-rechtlichen Anstalt

In einigen Gemeindeordnungen ist die Rechtsform der Kommunalen Anstalt mittlerweile vorgesehen, beispielsweise:

- seit 1995 in **Bayern** gemäß Art. 89, I GO Bayern als selbstständiges Kommunalunternehmen des öffentlichen Rechts
- seit 1998 in **Rheinland-Pfalz** gemäß § 86a, I GO Rheinland-Pfalz als Anstalt des öffentlichen Rechts auf Grundlage der Gemeindeordnung (AGEM)
- seit 1999 in **Nordrhein-Westfalen** gemäß § 114a, I GO Nordrhein-Westfalen als rechtsfähige Anstalt des öffentlichen Rechts
- seit 2001 in **Sachsen-Anhalt** gemäß § 1, I AnstG Sachsen-Anhalt i. V. m. §§ 1–3 AnstVO Sachsen-Anhalt als Kommunalunternehmen
- seit 2002 in **Schleswig-Holstein** gemäß § 106a GO Schleswig-Holstein als Kommunalunternehmen
- seit 2003 in **Niedersachsen** gemäß § 141 bis § 147 NKomVG als kommunale Anstalt des öffentlichen Rechts
- seit 2008 in **Brandenburg** gemäß §§ 94, 95 GO Brandenburg als kommunale Anstalt des öffentlichen Rechts
- seit 2011 in **Hessen** gemäß § 126a HGO Hessen als kommunale Anstalt des öffentlichen Rechts
(vgl. Barthel, T.: Beteiligungscontrolling im öffentlichen Bereich, S. 99)

Der Unterschied zu den Anstalten aufgrund eines speziellen Gesetzes besteht darin, dass diese Form eines Kommunalunternehmens zu seiner Gründung keines **speziellen Anstaltsgesetzes** bedarf.

Die **kommunale Anstalt des öffentlichen Rechts** in Niedersachsen weist folgende Merkmale auf:

- „Die Kommune kann Unternehmen und Einrichtungen in der Rechtsform einer rechtsfähigen Anstalt des öffentlichen Rechts (kommunale Anstalt) nach Maßgabe des § 136 NKomVG errichten oder bestehende Eigenbetriebe im Wege der Gesamtrechtsnachfolge in kommunale Anstalten umwandeln [...]" (§ 141 I NKomVG).
- Die Haftungsfähigkeit der kommunalen Anstalt ist in § 144 NKomVG beschrieben: „Die kommunale Anstalt haftet für ihre Verbindlichkeiten mit ihrem gesamten Vermögen. Die Kommune haftet nicht für die Verbindlichkeit der kommunalen Anstalt. Im Fall der Zahlungsunfähigkeit oder der Überschuldung der kommunalen Anstalt haftet die Kommune gegenüber dem Land für Leistungen, die das Land gemäß § 12 II der Insolvenzordnung aus diesem Anlass erbringt." (§ 144 II NKomVG).
- Auszug aus der Insolvenzordnung: „Hat ein Land nach § 12 I Nr. 2 InsO das Insolvenzverfahren über das Vermögen einer juristischen Person für unzulässig erklärt, so können im Falle der Zahlungsunfähigkeit oder der Überschuldung dieser juristischen Person deren Arbeitnehmer von dem Land die Leistungen verlangen, die sie im Falle der Eröffnung eines Insolvenzverfahrens nach den Vorschriften des Dritten Buches Sozialgesetzbuch über das Insolvenzgeld von der Agentur für Arbeit und nach den Vorschriften des Gesetzes zur Verbesserung

der betrieblichen Altersversorgung vom Träger der Insolvenzsicherung beanspruchen könnten." (§ 12 II InsO).

Die Organe der kommunalen Anstalt sind nach § 145 I NKomVG der **Vorstand** und der **Verwaltungsrat**. Deren Aufgaben und Kompetenzen sind in § 145 II ff. NKomVG geregelt und mit denen der unter 2.2.4.2.3.1 beschriebenen Anstalt des öffentlichen Rechts vergleichbar mit der Ausnahme, dass es keinen Kreditausschuss gibt. Die Vertretung der Kommune hat großen Einfluss auf die Anstalt und wird dadurch als mittelbares Leitungsorgan angesehen.

- **Vorstand:**
  Aufgaben:
  - Er leitet die kommunale Anstalt in eigener Verantwortung (§ 145 II Satz 1 NKomVG).
  - Er vertritt die kommunale Anstalt gerichtlich und außergerichtlich (§ 145 II Satz 2 NKomVG).
  - etc.
- **Verwaltungsrat:**
  Struktur:
  - Er besteht aus dem vorsitzenden Mitglied, den übrigen Mitgliedern sowie mindestens einer bei der kommunalen Anstalt beschäftigten Person (§ 145 IV Satz 1 NKomVG).
  - Beschäftigte der Kommunalaufsichtsbehörde, die unmittelbar mit Aufgaben der Aufsicht über die kommunale Anstalt befasst sind, können nicht Mitglieder im Verwaltungsrat sein (§ 145 IV Satz 2 NKomVG).
  - Die Zahl der Vertreter der Beschäftigten darf ein Drittel aller Mitglieder des Verwaltungsrats nicht übersteigen (§ 145 V Satz 1 NKomVG).
  - Die Satzung der kommunalen Anstalt trifft Bestimmungen über die Wahl und das Stimmrecht der Vertreter der Beschäftigten nach Maßgabe des Niedersächsischen Personalvertretungsgesetzes sowie der aufgrund dieses Gesetzes erlassenen Vorschriften über die Vertretung der Beschäftigten bei Einrichtungen der öffentlichen Hand mit wirtschaftlicher Zweckbestimmung (§ 145 V Satz 2 NKomVG).
  - Den Vorsitz im Verwaltungsrat führt der Hauptverwaltungsbeamte (§ 145 VI Satz 1 NKomVG).
  - Mit der Zustimmung des Hauptverwaltungsbeamten kann die Vertretung eine andere Person zum vorsitzenden Mitglied bestellen (§ 145 VI Satz 2 NKomVG).
  - Das vorsitzende Mitglied und die übrigen Mitglieder des Verwaltungsrats werden von der Vertretung für fünf Jahre bestimmt (§ 145 VII Satz 1 NKomVG).

- Die Amtszeit von Mitgliedern des Verwaltungsrats, die der Vertretung angehören, endet mit Ablauf der Wahlzeit oder dem vorzeitigen Ausscheiden aus der Vertretung (§ 145 VII Satz 2 NKomVG).
- Die Satzung der kommunalen Anstalt trifft Bestimmungen über die Abberufung von Mitgliedern aus dem Verwaltungsrat und über den Amtsantritt der neuen Mitglieder (§ 145 VII Satz 3 NKomVG).

Aufgaben:
- Er überwacht die Geschäftsführung des Vorstands (§ 145 III Satz 1 NKomVG).
- Er entscheidet über:
  - den Erlass von Satzungen (§ 145 III Satz 3 Nr. 1 NKomVG),
  - die Festlegung von Gebühren, Beiträgen, Kostenerstattungen sowie von allgemein geltenden Tarifen und Entgelten für die Nutzer und die Leistungsnehmer der kommunalen Anstalt (§ 145 III Satz 3 Nr. 2 NKomVG),
  - die Beteiligung der Anstalt an anderen Unternehmen (§ 145 III Satz 3 Nr. 3 NKomVG) und
  - die Feststellung des Jahresabschlusses und der Ergebnisverwendung (§ 145 III Satz 3 Nr. 4 NKomVG).
- **Vertretung:**
Aufgaben:
- Entscheidungen nach § 145 III Satz 3 Nrn. 1 und 3 NKomVG bedürfen der Zustimmung der Vertretung (§ 145 III Satz 4 NKomVG).
- Die Satzung der kommunalen Anstalt kann vorsehen, dass die Vertretung den Mitgliedern des Verwaltungsrats in bestimmten anderen Fällen Weisungen erteilen kann (§ 145 III Satz 5 NKomVG).

Die Kommunen verfügen mit dieser Rechtsform über viel flexiblere Möglichkeiten der Verselbstständigung von Verwaltungseinrichtungen. Zum einen benötigen sie kein spezielles Anstaltsgesetz, das nur auf Landesebene erlassen werden kann. Zum anderen müssen sie auch nicht auf die vorhandenen Gesellschaftsformen des Privatrechts zurückgreifen, die nicht in allen Ausprägungen auf öffentliche Belange zugeschnitten sind. Hier bietet sich somit für die kommunalen Gebietskörperschaften die Möglichkeit, auf recht einfache Weise einen verselbstständigten Konzernbetrieb zu gründen, ohne den Bereich des öffentlichen Rechts zu verlassen und somit auch die Dienstherrenfähigkeit zu behalten.

Ein Vergleich dieser beiden Anstaltsformen mit dem Eigenbetrieb und dem Landesbetrieb zeigt, dass durch die Anstaltsbildung nicht nur die rechtliche Selbstständigkeit, sondern damit zusammenhängend auch eine größere Selbstständigkeit der Leitungsorgane und der betrieblichen Finanzwirtschaft realisiert wird.

In Niedersachsen ist die Haftung der kommunalen Anstalt des öffentlichen Rechts für die Kommune auf das Haftungskapital begrenzt (§ 144 II Satz 2 NKomVG). Dies ist aber nicht in allen Bundesländern der Fall.

2.2.4.2.4 Zweckverbände

Der Zweckverband ist eine Personenkörperschaft des öffentlichen Rechts. Diese Rechtsform ist länderweise geregelt.

In Niedersachsen wie auch in fast allen anderen Bundesländern handelt es sich dabei um das Gesetz über kommunale Zusammenarbeit. Eine Ausnahme ist Nordrhein-Westfalen – hier gilt das Gesetz über die kommunale Gemeinschaftsarbeit GkG Nordrhein-Westfalen.

Mitglieder können neben juristischen Personen des öffentlichen Rechts auch juristische Personen des Privatrechts sowie ebenfalls natürliche Personen sein (§ 7 III NKomZG). Der Zweckverband kann als Rechtsform verwendet werden, wenn mehrere Kommunen unter anderem aus Gründen der Effizienz und Effektivität bei der Erfüllung einer für alle relevanten Aufgabe zusammenarbeiten wollen, so z. B. beim Betrieb einer Musikschule, bei der Abwasserbeseitigung, im Kassen- und Rechnungswesen, im Feuerwehrbereich etc. (§ 7 V NKomZG).

Kommunale Körperschaften können sich zu einem Zweckverband zusammenschließen, der bestimmte Aufgaben der Beteiligten übernimmt oder für diese durchführt. Der Zweckverband kann daneben auch Aufgaben für einzelne Verbandsmitglieder erfüllen. Eine kommunale Körperschaft kann einem Zweckverband auch nur für eine bestimmte Zeit beitreten (§ 7 I NKomZG).

Schließen sich Gemeinden oder Gemeindeverbände **freiwillig** zu einem Zweckverband zusammen, wird der Zweckverband **Freiverband** genannt. Beim **erzwungenen** Zusammenschluss zur Erfüllung von Pflichtaufgaben durch aufsichtsbehördliche Verfügung wird von einem **Pflichtverband** gesprochen.

Organe des Zweckverbands sind die **Verbandsversammlung** als Beschlussorgan und der **Verbandsgeschäftsführer** als Exekutivorgan. Die Verbandsordnung kann als weiteres Organ einen Verbandsausschuss vorsehen; in diesem Fall regelt die Verbandsordnung die Rechtsstellung, die Zusammensetzung und die Aufgaben des Zweckverbands (§ 10 NKomZG).

Die Aufgaben der Verbandsversammlung sind in § 13 NKomZG geregelt:

„Die Verbandsversammlung beschließt über

1. Änderungen der Verbandsordnung,
2. die Auflösung oder Umwandlung des Zweckverbandes in eine Kapitalgesellschaft,
3. die Wahl ihrer oder ihres Vorsitzenden,
4. die Wahl der Verbandsgeschäftsführerin oder des Verbandsgeschäftsführers und die Regelung der Stellvertretung,

5. die Bestimmung einer anderen Person im Sinne des § 15 II Satz 3 NKomZG,
6. Angelegenheiten, über die nach den Vorschriften der Niedersächsischen Kommunalverfassung der Rat oder der Hauptverwaltungsausschuss beschließt.

Die Verbandsordnung kann die Beschlussfassung über einzelne der in Satz 1 Nr. 6 genannten Angelegenheiten einem anderen Organ zuweisen; dies gilt nicht für Rechtssetzungsbefugnisse."

Die Struktur der Verbandsgeschäftsführung ist in § 15 NKomZG geregelt:

- Der Verbandsgeschäftsführer wird von der Verbandsversammlung gewählt (§ 15 I Satz 1 NKomZG).
- Die Verbandsordnung bestimmt, ob er haupt- oder ehrenamtlich tätig ist (§ 15 I Satz 2 NKomZG).
- Ist der Dienstposten des hauptamtlichen Verbandsgeschäftsführers mindestens in die Besoldungsgruppe A16 einzustufen, so kann die Verbandsordnung seine Berufung in das Beamtenverhältnis auf Zeit vorsehen (§ 15 I Satz 3 NKomZG).
- Ein ehrenamtlicher Verbandsgeschäftsführer soll aus dem Kreis der Hauptverwaltungsbeamten der kommunalen Verbandsmitglieder gewählt werden (§ 15 I Satz 4 NKomZG).
- Die Verbandsversammlung regelt die Stellvertretung (§ 15 I Satz 5 NKomZG).
- Der Verbandsgeschäftsführer darf der Verbandsversammlung nicht angehören (§ 15 III NKomZG).

Die Aufgaben der Verbandsgeschäftsführung sind in § 15 II NKomZG beschrieben:

- Der Verbandsgeschäftsführer vertritt den Zweckverband in Rechts- und Verwaltungsgeschäften sowie in gerichtlichen Verfahren. Erklärungen, durch die der Zweckverband verpflichtet werden soll, bedürfen der Schriftform (§ 15 II Satz 1 NKomZG).
- Sie sind, sofern sie nicht gerichtlich oder notariell beurkundet werden, nur rechtsverbindlich, wenn sie von dem Verbandsgeschäftsführer und von dem Vorsitzenden der Verbandsversammlung oder einer anderen von der Verbandsversammlung bestimmten Person handschriftlich unterzeichnet wurden bzw. in elektronischer Form mit der entsprechenden dauerhaft überprüfbaren, qualifizierten elektronischen Signatur versehen sind (§ 15 II Satz 2 NKomZG).
- Die Verbandsordnung kann bestimmen, dass die Unterzeichnung durch eine einzige Person genügt (§ 15 II Satz 3 NKomZG).
- Die Sätze 2 und 3 der NKomZG gelten nicht für Geschäfte der laufenden Verwaltung (§ 15 II Satz 4 NKomZG).

Für die Kommunalverwaltung hat diese Rechtsform die Besonderheit, dass i. d. R. mehrere Kommunen an ihr beteiligt sind. Zweckverbände können sich weiterer „Töchter" (z. B. Eigenbetriebe, Eigengesellschaften etc.) zur Erfüllung ihrer Aufgaben bedienen. Typisch für den Zweckverband ist, dass keine zum Verband gehörende Person über eine Mehrheitsbeteiligung verfügt. Soweit diese Personen einen Gesamtabschluss zu erstellen haben, kann in keinem dieser Abschlüsse der Zweckverband voll konsolidiert werden (vgl. Barthel, T.: Beteiligungscontrolling im öffentlichen Bereich, S. 94 ff.).

2.2.4.2.5 Stiftung des öffentlichen Rechts

Die Stiftung des öffentlichen Rechts ist länderweise durch einzelne Landesstiftungsgesetze geregelt, zum Beispiel durch das NStifG. Gemäß § 135 NKomVG sind bei einer Stiftung des öffentlichen Rechts die §§ 6 bis 8 und 19 II NStifG entsprechend anzuwenden.

Eine passende Begriffsdefinition für eine Stiftung umfasst das Allgemeine Verwaltungsgesetz für das Land Schleswig-Holstein (Landesverwaltungsgesetz – LVwG Schleswig-Holstein). Gemäß § 46 I LVwG Schleswig-Holstein sind rechtsfähige Stiftungen des öffentlichen Rechts „auf einem Stiftungsakt begründete, aufgrund öffentlichen Rechts errichtete oder anerkannte Verwaltungseinheiten mit eigener Rechtspersönlichkeit, die mit einem Kapital- oder Sachbestand Aufgaben der öffentlichen Verwaltung erfüllen."

Im Hinblick auf die Abgrenzung zu Körperschaften und Anstalten kann diese Begriffsdefinition durch zwei Aspekte konkretisiert werden:

- Die von Stiftungen wahrgenommenen öffentlichen Aufgaben sind aufgrund des einmaligen Stiftungsakts künftigen Änderungen weitgehend entzogen, während die von Körperschaften und Anstalten getragene öffentliche Verwaltung mit ihren materiellen Inhalten (öffentlichen Aufgaben) durch Entscheidungen politischer Gremien jederzeit veränderlich ist.
- Der Kapital- oder Sachbestand der Stiftung dient der Erfüllung öffentlicher Aufgaben nur mittelbar, da dieser primär zur Erwirtschaftung von Erträgen oder Überschüssen eingesetzt werden muss. Erst diese Erträge oder Überschüsse dürfen zur Wahrnehmung öffentlicher Aufgaben verwendet werden.

Beispiel:
In Rheinland-Pfalz ist das Stiftungswesen im Landesstiftungsgesetz (LStifG) geregelt. Demnach können Kommunen nach § 3 LStifG Rheinland-Pfalz Stiftungen des öffentlichen Rechts errichten. So hat z.B. die 3.800 Einwohner umfassende Ortsgemeinde Gensingen in Rheinland-Pfalz im Jahre 2004 als Stiftung des öffentlichen Rechts die „Gemeinnützige Stiftung zur Förderung von Sport, Kultur und Vereinsleben in Gensingen" errichtet und dafür ein Anfangsvermögen von 750.000 Euro bereitgestellt.

Das Organ nach der Satzung der Stiftung „Gemeinnützige Stiftung zur Förderung von Sport, Kultur und Vereinsleben in Gensingen" ist der Vorstand. Seine Aufgaben sind in § 7 der Satzung geregelt:

- Der Vorsitzende führt die Geschäfte der Stiftung im Rahmen der Satzung und der Beschlüsse des Vorstands.
- Zu den Aufgaben des Vorsitzenden gehören insbesondere
  1. die Aufstellung des Haushaltsplans,
  2. die Vorlage der Jahresrechnung,
  3. die Vorlage des jährlichen Tätigkeitsberichts der Stiftung zu veröffentlichen sowie
  4. die Erarbeitung von Richtlinien für die Vergabe von Stiftungsmitteln.
- Der Vorsitzende oder ein für den jeweiligen Einzelfall vom Vorstand zu bestimmendes Mitglied vertritt die Stiftung gerichtlich und außergerichtlich.

Zusammenfassend lässt sich festhalten, dass Stiftungen des öffentlichen Rechts Konzerntöchter mit eigener Rechtspersönlichkeit darstellen. Der Vermögensbestand ist dem öffentlichen Zweck gewidmet (vgl. Barthel, T.: Beteiligungscontrolling im öffentlichen Bereich, S. 101 f.).

In der Praxis ist die Stiftung des öffentlichen Rechts von untergeordneter Bedeutung, so u. a. bei Stiftungen auf der Grundlage von Kulturgütern. Es werden aber auch Hochschulen (z. B. Universität Hildesheim seit 2003, Hochschule Osnabrück seit 2003, Tierärztliche Hochschule Hannover seit 2003, Universität Göttingen seit 2003, Leuphana Universität Lüneburg seit 2003) oder Kulturbetriebe (z. B. Stiftung Preußischer Kulturbesitz, gegründet 1957, getragen vom Bund mit 75 % und von allen Ländern mit 25 %) in eine Stiftung eingebracht.

Für diese Stiftungen wird jeweils ein Einzelgesetz vom Gesetzgeber verabschiedet, so z. B. das für die Stiftungshochschulen in Niedersachsen. Die Fachaufsicht liegt in der Regel beim betreffenden Fachministerium, in diesem Fall beim Wissenschaftsministerium oder beim Landtag direkt. Die Effektivität dieser deutschen Universitätsstiftungen, deren Idee aus dem Angelsächsischen stammt, bleibt jedoch in den allermeisten Fällen deutlich hinter den Erwartungen zurück. Eine Ausnahme sind die Medizinischen Hochschulen und die Stiftungsuniversität Göttingen, so dass vom niedersächsischen Landesrechnungshof 2016 über eine gesetzesmäßige Rückabwicklung der Stiftungsmöglichkeit in universitärem Rahmen nachgedacht wurde (vgl. Stiftungshochschulen, S. 1).

2.2.4.3 Privatrechtliche Formen

Diese Rechtsformen bestimmen in unterschiedlichem Umfang die innere Organisation des Betriebs, d. h. die Art seines Rechnungswesens sowie die Struktur und Kompetenzen seiner Leitungsorgane.

Die gebräuchlichsten Privatrechtsformen in staatlichen und kommunalen Konzernen sind:

- die Aktiengesellschaft (AG) gemäß dem Aktiengesetz (AktG)
- die Gesellschaft mit beschränkter Haftung (GmbH) gemäß dem Gesetz betreffend die Gesellschaften mit beschränkter Haftung (GmbHG)

In beiden Rechtsformen sind die Gesellschaften verpflichtet, kaufmännisch zu rechnen und als Jahresabschluss eine Bilanz und Gewinn- und Verlustrechnung nach den Grundsätzen ordnungsmäßiger Buchführung vorzulegen. Sowohl **AG** als auch **GmbH** stellen Gesellschaften mit einer eigenen Rechtspersönlichkeit dar. Die Haftung in diesen Gesellschaften ist auf das Vermögen beschränkt. Beide Rechtsformen, insbesondere die Rechtsform der GmbH, sind in öffentlichen Konzernen weit verbreitet. Zu finden sind diese vorrangig in folgenden Bereichen:

- Wirtschaftsförderung
- Grundstücksverwaltung
- Ausstellungs- und Messewesen
- Freizeiteinrichtungen
- Theaterbetriebe
- Krankenhäuser
- Seniorenheime
- Versorgungseinrichtungen
- Verkehrseinrichtungen

Neben GmbH und AG gehören zu den juristischen Personen des Privatrechts noch folgende Gesellschaftsformen:

- GmbH und Co. KG
- Kommanditgesellschaft auf Aktien (KGaA)
- Idealverein/eingetragener Verein (e. V.)
- Wirtschaftsverein
- Genossenschaft
- rechtsfähige Stiftung des Privatrechts

Als Rechtsformen für die Konzerntöchter sind sie jedoch von untergeordneter Bedeutung.

2.2.4.3.1 Gesellschaft mit beschränkter Haftung (GmbH)

Die Gesellschaft mit beschränkter Haftung (GmbH) hat generell zwei Leitungsorgane:

- **Den Geschäftsführer (§§ 35, 37 GmbHG):**
  Im Vergleich zum Vorstand einer AG ist die Geschäftsführung der GmbH laut Gesetz mit weitaus geringeren Kompetenzen ausgestattet. Hier bleibt es im Wesentlichen den vertraglichen Regelungen überlassen, welche Aufgaben und Kompetenzen der Geschäftsführung zuge-

wiesen werden. Die Weisungsabhängigkeit der Geschäftsführung kann durch Gesellschafts- oder Dienstvertrag realisiert werden.

- **Die Gesellschafterversammlung** (§ 46 GmbHG):
Die Kompetenzen der Gesellschafterversammlung sind im Gesellschaftervertrag definiert. Dieses Leitungsorgan besitzt eine überwachende Funktion und entscheidet über die Einsetzung der Geschäftsführung, ermittelt den Jahresabschluss und bestimmt über die Verwendung des Ergebnisses.
Alle weiteren Regelungen bleiben dem Gesellschaftsvertrag überlassen. Trifft der Gesellschaftsvertrag keine besondere Regelung, so können die Gesellschafter gemäß § 46 GmbHG u. a. über folgende Punkte entscheiden:
  1. die Feststellung der Jahresbilanz und Gewinnverwendung
  2. die Einforderung von Einzahlungen auf die Stammeinlagen
  3. die Einforderung und Rückzahlung von Nachschüssen
  4. die Teilung sowie Einziehung von Geschäftsanteilen (Kaduzierung)
  5. die Bestellung, Entlastung und Abberufung von Geschäftsführern
  6. die Bestellung von Prokuristen und Handlungsbevollmächtigten
     (vgl. Barthel, T.: Beteiligungscontrolling im öffentlichen Bereich, S. 103 f.)

Unter bestimmten Voraussetzungen ist auch bei der GmbH ein **Aufsichtsrat** als drittes Leitungsorgan zu wählen, wobei das Wahlverfahren grundsätzlich dem der AG entspricht. Bei mehr als 500 Mitarbeitern ist die Bestellung eines Aufsichtsrats laut Drittelbeteiligungsgesetzes (DrittelbG) verpflichtend. Er hat vergleichbare Rechte wie der Aufsichtsrat einer Aktiengesellschaft. Die Zusammensetzung richtet sich nach § 1 I Nr. 3 DrittelbG. Kraft Gesetzes ist dem Aufsichtsrat nur die Überwachung der Geschäftsführung als Aufgabe zugewiesen (siehe § 27 Einführungsgesetz zum Aktiengesetz (EGAktG) i. V. m. § 96 II, §§ 97 bis 99 AktG).

Gemäß § 137 I Nr. 6 NKomVG muss die Kommune einen angemessenen Einfluss im Aufsichtsrat erhalten. Außerdem hat die Kommune nach § 138 III NKomVG darauf hinzuwirken, dass bei der Ausgestaltung des Gesellschaftsvertrags ihr das Recht eingeräumt wird, Mitglieder in einen Aufsichtsrat zu entsenden. Daher ist ein Aufsichtsrat für eine GmbH mit kommunalem Gesellschafter kommunalrechtlich strenggenommen verpflichtend.

2.2.4.3.2 Gemeinnützige Gesellschaft mit beschränkter Haftung (gGmbH)

Die **gemeinnützige Gesellschaft mit beschränkter Haftung** (gGmbH) ist steuerlich als gemeinnützig anerkannt und hat damit steuerliche Vorteile gegenüber einer „normalen" GmbH, da sie von der Körperschafts- und Gewerbesteuer befreit ist. Auf sie wird insbesondere als Rechtsform für Krankenhäuser, Pflegeheimen und Behindertenwerkstätten zurückgegriffen.

2.2.4.3.3 GmbH und Co. KG

Die **GmbH und Co. KG** verbindet Wesenselemente der Kapitalgesellschaft mit denen der Personengesellschaft. Sie ist eine Kommanditgesellschaft, an der eine GmbH als persönlich haftender Gesellschafter beteiligt ist. Die Haftung der Kommanditisten ist nach §§ 171 ff. HGB auf die Einlage beschränkt. Die GmbH haftet als Komplementär nach §§ 161, 128 HGB unbeschränkt persönlich.

Dadurch, dass die Haftung der GmbH beschränkt ist, ist letztendlich auch die Haftung der GmbH als Komplementär auf die Einlage beschränkt, sodass diese gesellschaftsrechtliche Mischform für einen öffentlichen Träger in Betracht gezogen werden kann, da eine Haftungsbeschränkung vorhanden ist (Seybold, J., Neumann, W. und Weidner, F.: Niedersächsisches Kommunalrecht, S. 83 ff.).

2.2.4.3.4 Aktiengesellschaft (AG)

Die Aktiengesellschaft (AG) verfügt über drei Leitungsorgane:

- **Den Vorstand (§ 84 AktG):**
  Er wird i. d. R. vom Aufsichtsrat für die Dauer von höchstens fünf Jahren bestellt. Eine wiederholte Bestellung ist zulässig. Der Aufsichtsrat kann die Ernennung widerrufen, wenn ein wichtiger Grund vorliegt, z. B. wegen grober Pflichtverletzung.

  Aufgaben und Kompetenzen des Vorstands sind:
  1. Leitung der Gesellschaft unter eigener Verantwortung (§ 76 I AktG). Dies beinhaltet die Bestimmung der Geschäftspolitik. Das bedeutet, dass rechtlich gesehen keine Weisungsabhängigkeit besteht. Dies kann allerdings zu Problemen bei der Durchsetzung des öffentlichen Auftrags führen.
  2. Regelmäßige, mindestens quartalsweise Berichterstattung über den Gang der Geschäfte und die Lage des Unternehmens gegenüber dem Aufsichtsrat (§ 90 AktG).
  3. Aufstellung der Jahresbilanz und der Gewinn- und Verlustrechnung (Jahresabschluss) für das vergangene Geschäftsjahr innerhalb der ersten drei Monate des neuen Geschäftsjahrs (§ 264 HGB).
  4. Einberufung der Hauptversammlung sowie Vorbereitung und Ausführung ihrer Beschlüsse (§ 121 II AktG).

- **Den Aufsichtsrat:**
  Der Aufsichtsrat wird nach § 102 AktG auf vier Jahre gewählt, und zwar gemäß § 101 AktG in Abhängigkeit der jeweiligen Mitbestimmungsregelungen von der Hauptversammlung und von den Arbeitnehmern. Die Zusammensetzung des Aufsichtsrats wird im MitbestG geregelt. Probleme entstehen häufig durch Wechsel von Mitgliedern aus dem Vorstand in den Aufsichtsrat. Bei öffentlichen Unternehmen besteht zudem das Problem ab und zu darin, dass Aufsichtsräte der

gleichen Partei angehören wie die zu kontrollierenden Vorstandsmitglieder.

Aufgaben und Kompetenzen des Aufsichtsrats gemäß § 84 und § 111 AktG sind:
1. Bestellung des Vorstands und Abberufung unter Hervorbringung wichtiger Gründe sowie die Überwachung seiner Tätigkeiten.
2. Erteilung des Prüfungsauftrags für den Jahres- und Konzernabschluss an den Abschlussprüfer gemäß § 290 HGB.
3. Prüfung des Jahresabschlusses, des Geschäftsberichts, des Prüfungsberichts der Abschlussprüfer sowie des Vorschlags des Vorstands über die Verwendung des Bilanzgewinns.
4. Berichterstattung über Ergebnis der Prüfung auf der Hauptversammlung.
5. Einberufung einer außerordentlichen Hauptversammlung, wenn das Wohl der Gesellschaft es erfordert.

- **Die Hauptversammlung:**
  Die Hauptversammlung ist die Versammlung der Aktionäre. In ihr nehmen sie ihre Rechte durch Ausübung des Stimmrechts wahr. Sie beschließen in den gemäß Gesetz und in der Satzung ausdrücklich bestimmten Fällen. Rechtlich gesehen haben die Aktionäre keinen Einfluss auf die laufende Geschäftsführung.

Zu den Aufgaben und Kompetenzen der Hauptversammlung gemäß § 119 AktG gehören:
1. Wahl der Aufsichtsratsmitglieder der Anteilseigner mit einfacher Mehrheit (§ 101 AktG) und ggf. Abberufung vor Ablauf ihrer Amtszeit mit Dreiviertelmehrheit (§ 103 AktG).
2. Beschluss über existenzielle Fragen der AG, die einer Satzungsänderung bedürfen, wie Kapitalerhöhung und -herabsetzung, Verschmelzung und Auflösung.
3. Wahl des Abschlussprüfers und des Prüfers für Sonderprüfungen, z. B. bei der Gründung.
4. Beschluss über die Verwendung des festgestellten Bilanzgewinns.
5. Feststellung des Jahresabschlusses, wenn Vorstand und Aufsichtsrat dies beschließen oder wenn der Aufsichtsrat den Jahresabschluss des Vorstands nicht billigt (§§ 172, 173 AktG).
6. Beschluss über die Entlastung der Mitglieder des Vorstands und des Aufsichtsrats (vgl. Barthel, T.: Beteiligungscontrolling im öffentlichen Bereich, S. 104 ff.).

2.2.4.3.5 Kommanditgesellschaft auf Aktien (KGaA)

Die **KGaA** ist eine Kombination von Aktiengesellschaft und Kommanditgesellschaft. Wenigstens ein Gesellschafter haftet persönlich unbeschränkt mit seinem gesamten Vermögen. Dagegen ist die Haftung der Kommanditaktionäre auf ihren Aktienanteil beschränkt. Da die KGaA als Kapitalgesellschaft eine juristische Person ist, steht sie der AG näher als der Kommanditgesellschaft, sodass das Aktiengesetz für sie gilt.

Hier liegt die Geschäftsführung allein bei den persönlich haftenden Gesellschaftern, welche die Funktion des Vorstands der AG ausüben. Die Komplementäre haben in der Hauptversammlung der KGaA ein Stimmrecht für ihre Aktien, das sie nach § 285 AktG jedoch beispielsweise bei der Wahl und Abberufung des Aufsichtsrats und bei der Wahl der Abschlussprüfer nicht ausüben dürfen.

2.2.4.3.6 Genossenschaft

Die **Genossenschaft** ist weder eine Kapital- noch eine Personengesellschaft, sondern ein wirtschaftlicher Verein. Sie ist gemäß § 1 Genossenschaftsgesetz (GenG) eine Gesellschaft ohne geschlossene Mitgliederzahl. Zweck der Genossenschaft ist die Förderung des Erwerbs, die Förderung der Wirtschaft oder die Förderung der sozialen oder kulturellen Belange ihrer Mitglieder durch einen gemeinschaftlichen Geschäftsbetrieb.

Die Genossenschaft erhält ihre Rechtsfähigkeit nach § 13 GenG durch die Eintragung in das Genossenschaftsregister. Sie haftet beschränkt mit ihrem Vermögen. Im Insolvenzfall haben die Mitglieder gemäß § 105 GenG eine unbegrenzte Nachschusspflicht, wenn diese nicht in der Satzung begrenzt oder ausgeschlossen wird. Die Genossenschaft verfolgt an sich keinen eigenen wirtschaftlichen Zweck, sondern hat die Aufgabe, als Hilfsorganisation ihre Mitglieder unmittelbar zu fördern.

Der Geschäftsbetrieb einer Genossenschaft kann sich auf folgende Bereiche erstrecken:

- gemeinsame Bankgeschäfte (Genossenschaftsbanken)
- gemeinsame Einkaufsgenossenschaften
- gemeinsame Absatzgenossenschaften
- gemeinsame Produktionsgenossenschaften
- gemeinsame Wohnungsbaugenossenschaften

Die Genossenschaftsorgane sind:

- der Vorstand mit der Aufgabe der laufenden Geschäftsführung (§ 24 GenG)
- der Aufsichtsrat mit der Überwachung des Vorstands und der Prüfung des Jahresabschlusses (§ 38 GenG)
- die Generalversammlung als oberstes Willensorgan der Genossenschaft mit der Wahl und Entlastung von Vorstand sowie Aufsichtsrat und Beschlussfassung über die Rechnungslegung (§ 48 GenG)

Die Genossenschaft ist eine Rechtsform, der die Kommune beitreten kann. Jedoch hat sie in der kommunalen Praxis noch keine große Verbreitung gefunden. Als Ausnahme sind Beteiligungen an regionalen Genossenschaftsbanken zu nennen. Ihre Zielsetzung entspricht dem der privaten

Genossen (Eröffnung eines gebührenfreien Kontos und weitere Bankge-schäfte). Außerdem sind Kommunen häufig an regionalen Wohnungsbau-genossenschaften beteiligt, um ihre Verbundenheit mit diesen auszudrü-cken, da diese Genossenschaften wichtige Aufgaben im sozialen Woh-nungsbau übernehmen bzw. der Mietpreis dort unterdurchschnittlich im Vergleich zum örtlichen Mietpreisspiegel ist (vgl. Barthel, T.: Beteiligungs-controlling im öffentlichen Bereich, S. 110 f.).

Außerdem wurden in den letzten Jahren ehemalige kommunale Schwimmbäder als eingetragene Genossenschaft geführt, da diese ansons-ten aus wirtschaftlichen Gründen hätten geschlossen werden müssen.

- Das Freibad in Hänigsen wird seit 2010 durch die Hänigsen eG betrie-ben (vgl. Freibad Hänigsen eG, o. S.).
- Die Uslarer Badeland eG wurde 2012 gegründet. Die Bürgergenossen-schaft führt die Geschäfte des Uslarer Badelands und hat hierzu einen entsprechenden Betreibervertrag mit der Stadtwerke Uslar GmbH als Eigentümerin des Badelands abgeschlossen (vgl. Uslarer Badeland eG, o. S.).

2.2.4.3.7 Verein

Vereine sind ein auf Dauer freiwilliger Zusammenschluss von mindestens sieben Personen zur Realisierung eines gemeinsamen Ziels, wobei der Zweck unabhängig bleibt von den jeweiligen Mitgliedern. Der Verein kann als „Grundform aller Körperschaften" charakterisiert werden. Er führt einen Gesamtnamen als Zeichen der Einheit, ist verpflichtet sich eine Satzung zu geben und hat als Organe die Mitgliederversammlung und den Vorstand.

Diese lassen sich differenzieren in **nicht rechtsfähige** und **rechtsfähige** Institutionen (vgl. Barthel, T.: Beteiligungscontrolling im öffentlichen Be-reich, S. 111 f. und Cronauge, U. und Westermann, G.: Kommunale Un-ternehmen, S. 79):

- Der **nicht rechtsfähige Verein** ist nicht in das Vereinsregister eingetra-gen, sodass nach § 54 II BGB die Vorschriften über die BGB-Gesell-schaft gelten mit der Folge, dass die Vereinsmitglieder persönlich mit ihrem gesamten Privatvermögen für rechtsfähige Verbindlichkeiten des Vereins haften. Er kommt folglich für öffentliche Träger nicht in Frage.
- Der **rechtsfähige Verein** verdankt seine Rechtsfähigkeit der **Eintragung in das Vereinsregister oder der staatlichen Verleihung.** Er ist gegenüber der Kommune als juristische Person mit eigener Rechtspersönlichkeit organisatorisch und rechtlich selbstständig. Die Mitgliederversamm-lung und der Vorstand sind die Organe des Vereins. Die Haftung ist auf das Vereinsvermögen beschränkt, sodass eine persönliche Haftung der Vereinsmitglieder nicht gegeben ist.

Es gibt **zwei Arten von rechtsfähigen Vereinen:**
- Der **wirtschaftliche Verein nach § 22 BGB** erlangt seine Rechtsfähigkeit durch staatliche Verleihung. Maßgeblich für die Unterscheidung vom Idealverein ist der vom Verein beabsichtigte Vereinszweck, der sich aus der Vereinssatzung ableitet. Die Verleihung der Rechtsfähigkeit ist aber subsidiär, das bedeutet, dass die Kommune vorrangig auf die zur Verfügung stehenden Organisationsformen des Handelsrechts, d. h. GmbH und AG, zurückzugreifen hat. Durch die Subsidiarität des wirtschaftlichen Vereins gibt es jedoch fast keine Anwendungsfälle, sodass im Gegensatz zum Idealverein der wirtschaftliche Verein einen noch geringeren kommunalen Verbreitungsgrad hat.
- Der **nicht-wirtschaftliche Verein,** auch **Idealverein nach § 21 BGB** genannt, ist ein Verein, der seine Rechtsfähigkeit durch Eintragung in das Vereinsregister des zuständigen Amtsgerichts erlangt. Er ist im kommunalen Bereich wenig verbreitet. Nur selten und regional unterschiedlich werden von einigen Kommunen einzelne Aufgaben von eingetragenen Vereinen durchgeführt. Hauptsächlich im kulturellen Bereich, wie z. B. Volkshochschulen und Musikschulen sowie Museen, im sozialen Bereich und im Fremdenverkehr ist der Idealverein als Rechtsform vertreten.

Häufig entstehen solche Ausgründungen von Schwimmbädern aus der Kernverwaltung, wenn für die Kommune das weitere Betreiben nicht mehr finanzierbar ist und das Bad somit geschlossen werden müsste. Ein Ausweg kann es sein, dass das Schwimmbad durch einen Verein weitergeführt wird, in dem auch natürliche Personen Mitglied werden können und sich somit an der Finanzierung des Schwimmbads durch Mitgliedschaftsbeiträge beteiligen. In der Regel genießen diese Mitglieder Vorteile, z. B. ermäßigten oder freien Eintritt oder bestimmte Badezeiten nur für Vereinsmitglieder. Die Vereinsmitglieder können sich dann auch ehrenamtlich im Verein engagieren, beispielsweise bei der Pflege oder Instandhaltung des Schwimmbads etc. Beispiele für solche in dieser Art erhaltenen Schwimmbäder sind das Wölfi-Bad in Wolfshagen, das 2004 vom Schwimmbadverein aus den Händen der Kommune übernommen wurde (vgl. Waldfreibad Wolfshagen e. V., o. S.), oder das Waldbad Osterwald, welches seit 1997 durch den Waldbad Osterwald e. V. weitergeführt (vgl. Waldbad Osterwald e. V., o. S.) sowie das Freibad Hänigsen, das seit 2010 durch einen Förderverein getragen wird (vgl. Freibad Hänigsen eG).

Ein weiteres völlig anders geartetes Beispiel aus Niedersachsen für einen nicht-wirtschaftlichen Verein ist das Niedersächsische Studieninstitut für kommunale Verwaltung e. V. (NSI e. V.), das viele niedersächsische Kommunen als Mitglieder hat. Der Verein bietet die Aus- und Fortbildung im kommunalen Bereich an und ist Träger der Kommunalen Hochschule für Verwaltung in Niedersachsen (HSVN).

2.2.4.3.8 Rechtsfähige Stiftung des Privatrechts

Die Rechtsgrundlagen der **rechtsfähigen Stiftung des Privatrechts** sind:

- die §§ 80 ff. BGB
- die Gemeindeordnung/Kommunalverfassung des Bundeslands (wie z. B. § 135 NKomVG)
- das Stiftungsgesetz des Bundeslands (z. B. in Niedersachsen NStifG)

§ 19 NStifG:

„(1) Kommunale Stiftungen sind Stiftungen, deren Zweck im Aufgabenbereich einer kommunalen Körperschaft liegt und die von dieser Körperschaft verwaltet werden. Die Stiftungsbehörde hat der Kommunalaufsichtsbehörde vor der nach § 80 BGB erforderlichen Anerkennung Gelegenheit zu geben, die Errichtung der Stiftung kommunalaufsichtlich zu prüfen.

(2) Für die Verwaltung der kommunalen Stiftungen gelten neben § 6 dieses Gesetzes die Vorschriften über die Vermögensverwaltung bei kommunalen Körperschaften. Maßnahmen nach den §§ 7 und 8 dieses Gesetzes treffen die kommunalen Körperschaften mit Genehmigung der Kommunalaufsichtsbehörde. An die Stelle der Stiftungsaufsicht nach den §§ 10 bis 16 tritt die Kommunalaufsicht."

Die Stiftung des Privatrechts ist ein rechtlich verselbstständigter Bestand von Vermögensgegenständen oder Kapital, d. h. von einer Vermögensmasse, die einem vom Stifter bestimmten Zweck zu dienen hat. Der Stiftungszweck, das Stiftungsvermögen und die Stiftungsorganisation sind wichtige Elemente einer Stiftung.

Die Stiftung des Privatrechts hat keine Mitglieder, der Stiftungsvorstand ist ein zwingend vorgeschriebenes Organ. Weitere Organe können in Anlehnung an die vereinsrechtlichen Vorschriften des BGB eingerichtet werden wie z. B. ein Stiftungsbeirat. Die Stiftung ist ebenfalls subsidiär, d. h. Kommunalvermögen darf nur im Rahmen der Aufgabenerfüllung der Kommune und in das Stiftungsvermögen eingebracht werden, falls die durch die Stiftung verfolgte Aufgabe nicht auf andere Art und Weise erfüllt werden kann.

Möglich sind Fälle, in denen ein Stifter über seinen Tod hinaus langfristig einen Zweck verfolgt und der Kommune die Stiftung überträgt durch:

- Rechtsgeschäft unter Lebenden, d. h. Schenkung
- Verfügung von Todes wegen, d. h. Testament

„Liegt der Zweck einer rechtsfähigen Stiftung im Aufgabenbereich einer Kommune, so hat die Kommune sie zu verwalten, wenn dies in der Stiftungssatzung bestimmt ist" (§ 135 I S. 1 NKomVG). Hier wird begrifflich von einer kommunalen Stiftung gesprochen, so dass kommunale Stiftungen zum einen Stiftungen des öffentlichen Rechts aber zum anderen auch Stiftungen des Privatrechts sein können. Durch die Säkularisierung können auch ehemalige Klöster in kommunaler Verwaltung sein.

Ist einer Kommune Vermögen zur dauernden Verwendung für einen bestimmten Zweck zugewendet worden, so ist das Vermögen in seinem Bestand zu erhalten. Es ist so zu verwalten, dass es für den Verwendungszweck einen möglichst hohen Nutzen bringt. Dies gilt jedoch nicht, wenn etwas anderes bei der Zuwendung bestimmt worden ist oder aus der Art der Zuwendung hervorgeht. Die Kommune darf mit Genehmigung der Kommunalaufsicht den Bestand des Vermögens angreifen, wenn der Zweck anders nicht zu verwirklichen ist. Ist die Verwirklichung des Zwecks unmöglich geworden oder gefährdet sie das Gemeinwohl, so darf die Kommune mit Genehmigung der Kommunalaufsicht das Vermögen anderweitig verwenden (§ 135 II NKomVG).

Diese Stiftungen des Privatrechts können für Kommunen nicht immer ganz unproblematisch sein. Denn wird z. B. eine Kunstsammlung gestiftet, kann die Kommune noch gezwungen sein, ein Museum zu errichten und zu bewirtschaften, um die Sammlung gemäß dem Stiftungszweck der Öffentlichkeit zugänglich zu machen, sodass die Stiftung dann ggf. noch den kommunalen Haushalt belasten kann.

Vermögensgegenstände oder Kapital werden mit der Aufgabe zugewendet, sie für den Stiftungszweck zu verwenden. Wenn der Stifter einen Stiftungszweck im Sinne des § 135 I Satz 1 NKomVG formuliert hat, ist die Kommune gezwungen, diese Stiftung zu verwalten, ob sie will oder nicht. Damit ist automatisch eine kommunale Stiftung des privaten Rechts entstanden, so wie es beispielsweise bei Stiftungskrankenhäusern der Fall ist. Aus Eigeninitiative dagegen werden Kommunen i. d. R. keine Stiftungen des privaten Rechts gründen.

2.2.4.3.9 Sonstige Formen

Diese Formen sind bei originären Verwaltungsträgern nicht üblich:

- **Personengesellschaften**, wie z. B. die **BGB-Gesellschaft und die Offene Handelsgesellschaft (OHG)**, sind für öffentliche Konzerne irrelevant, da sie keine Haftungsbeschränkung zulassen. Sie sind auch keine juristischen Personen, sondern nur Träger von Rechten und Pflichten. Sie haben eine eingeschränkte Rechtsfähigkeit, sodass sie Rechte erwerben und Verbindlichkeiten eingehen können.
- Die Rechtsform auf europäischer Ebene, die **Societas Europeae (SE)**, ist eine Kapitalgesellschaft, deren Kapital in Aktien zerlegt ist. Sie hat ein Mindestkapital von 120.000 Euro (vgl. Springer Gabler Verlag: Gabler Wirtschaftslexikon, Stichwort: Societas Europeae (SE), o. S.) und spielt bislang im öffentlichen Sektor in der Bundesrepublik Deutschland ebenfalls keine Rolle.

2.2.5 Gründe für die Verselbstständigung von Konzerntöchtern

Von der Verselbstständigung eines ÖVB ist die Rede, wenn dieser in einen Eigenbetrieb oder in eine öffentlich-rechtliche oder privatrechtliche Rechtsform überführt wird. Eigenbetriebe sowie auch Landes- bzw. Bundesbetriebe können in die Rechtsform einer AG oder GmbH umgewandelt werden. Außerdem besteht die Möglichkeit für eine bestimmte Aufgabe eine öffentlich-rechtliche Anstalt zu gründen, jedoch nur nach Maßgabe eines speziellen Gesetzes.

Die Argumente für dieses Vorgehen können sehr verschieden sein:

- Es werden geeignete Organisationsstrukturen für die **Zusammenarbeit verschiedener Verwaltungsträger** bei öffentlichen Aufgaben entwickelt, deren Erfüllung ein koordiniertes Zusammenwirken erfordert. Davon betroffen sind insbesondere die Gebietskörperschaften, die durch juristische Personen öffentliche Aufgaben wahrnehmen lassen, wie es beispielsweise bei einer Kapitalgesellschaft oder bei einem Zweckverband der Fall ist. Die Gebietskörperschaften sind als Gesellschafter oder Mitglieder beteiligt und üben gemeinsam und aufeinander abgestimmt öffentliche Aufgaben aus. Eine Mischverwaltung existiert, sofern Bund, Länder und/oder Kommunen auf diesem Weg zusammenarbeiten.

- Die öffentlichen Aufgaben sollen **qualitativ besser und effektiver** erfüllt werden. Durch die Dezentralisation ist eine größere Fach- und Sachnähe möglich, die zum einen eine stärkere lokale Wirkung und zum anderen einen engeren Kontakt zwischen Bürger und Verwaltung bewirken. Dies ist der qualitativen Dimension hinsichtlich der Wahrnehmung öffentlicher Aufgaben förderlich. Äußerst komplexe Verwaltungsapparate einer Gebietskörperschaft würden entstehen, falls die Abnahme von Abschlussprüfungen von Ausbildungsberufen nicht von den jeweiligen Industrie- und Handelskammern vorgenommen würde, sondern von Verwaltungsteilen des Bildungsministeriums abgenommen würden. Ähnlich verhält es sich bei den Aufgaben der Sozialversicherung (Renten-, Kranken-, Pflege-, Arbeitslosen- und Unfallversicherung), falls diese von Behörden im Bereich des Ministeriums für Soziales erfüllt würden, oder bei den Hauptuntersuchungen von Kraftfahrzeugen, sofern diese vom Verkehrsministerium wahrgenommen würden. Statische, sehr schwerfällige, unübersichtliche und nicht steuerbare Verwaltungen wären die Folge, die gegenüber den dezentralisierten Verwaltungen benachteiligt wären.

- Die **Aktions- und Reaktionsfähigkeit** wird angesichts der sich stetig wandelnden wirtschaftlichen und gesellschaftlichen Situation erhöht. Ein Verwaltungsapparat, der allein von Bund und Ländern getragen würde, wäre aufgrund seiner komplexen Verflechtungen sehr schwerfällig und unflexibel, da davon auszugehen ist, dass Handlungen und Reaktionen nur mit größeren zeitlichen Verzögerungen erfolgen. An dieser Stelle sind die dezentralisierten öffentlichen Verwaltungsbetriebe durch kürzere Dienstwege sowohl intern (im Verwaltungsapparat) als auch extern zu den politischen Leitungsgremien vorteilhafter, da sie die entstandenen Problemsituationen früher erkennen und schneller lösen können.

- **Demokratie** und **rechtsstaatliche Grundsätze** werden gestärkt. Nicht nur bei Kommunen, innerhalb derer die Demokratie aufgrund der Gemeinderatswahlen unmittelbar lokal erlebt und praktiziert werden kann, sondern auch andere derivative Träger öffentlicher Verwaltung besitzen organisatorische Strukturen (z. B. Leitungs-, Überwachungs- und Kontrollorgane), die nicht systemintern bestimmt, sondern unmittelbar durch Dritte gewählt werden. Dies betrifft insbesondere Personenkörperschaften wie Sozialversicherungen und Krankenkassen, denn deren Mitglieder besitzen das Recht zur Wahl von Gremienmitgliedern, deren Kernkompetenz darin liegt, die Art und Weise der Aufgabenerfüllung mitzugestalten. Der Wille des Bürgers, in politische Entscheidungen weitestgehend miteinbezogen zu werden, um so an der Gestaltung der Lebensumwelt mitwirken zu können, fände jedoch kaum Berücksichtigung, wenn die Vertretungsorgane nur an zentraler Stelle entscheiden würden. Dies wäre z. B. der Fall, wenn der Sozialminister die einzelnen Mitglieder in den Gremien der Sozialversicherung festlegen würde.

  Dezentralisation kann jedoch auch gegenteilige Auswirkungen hervorrufen. Wenn beispielsweise bestimmte Formen juristischer Personen öffentliche Verwaltungsaufgaben übernehmen, kann es vorkommen, dass bei dieser Art der Dezentralisation die Erfüllung der öffentlichen Aufgaben durch nicht demokratisch gewählte Gremien erfolgt. Das bedeutet, dass vornehmlich private Interessen berücksichtigt werden könnten. Davon betroffen sind vor allem die privatrechtlichen Formen der GmbH und in besonderem Maße die Aktiengesellschaft, welche in erster Linie auf kommunaler Ebene gegründet wird. An dieser Stelle müssen geeignete Aufsichts- und Kontrollmechanismen die Einbindung in den Willensbildungsprozess der gewählten politischen Gremien gewährleisten, da die einzelnen Organe der jeweiligen Rechtsform gemäß Gesellschaftsrecht unter Ausschluss der Öffentlichkeit tagen.

- Die **kostengünstigere Produktion öffentlicher Leistungen** ermöglicht eine rationalere Erfüllung öffentlicher Aufgaben, vor allem durch die verstärkte Berücksichtigung **betriebswirtschaftlicher Aspekte** in der öffentlichen Verwaltung. Das Ziel, betriebswirtschaftlich zu handeln, hat für viele Dezentralisationsmaßnahmen insbesondere auf kommunaler Ebene eine hohe Priorität erhalten. Dezentralisation betrifft solche Aufgaben, deren öffentlicher Charakter nicht ganz eindeutig festzulegen ist. Die Maßnahme, selbstständige Verwaltungsträger zur

Erledigung dieser Aufgaben ins Leben zu rufen, kann als Annäherung an die Privatisierung gedeutet werden oder eben als eine Art Versuch zu zeigen, dass auch unter öffentlicher Regie nach privatwirtschaftlichem Vorbild kostengünstig produziert werden kann. Es wird erwartet, dass die kostengünstigere Produktion eine Folgewirkung der wirtschaftlichen, organisatorischen und rechtlichen Verselbstständigung ist. Konkret wird die Verselbstständigung in den folgenden, recht unterschiedlichen Ausmaßen:

– Es gibt nun eigene **Leitungsgremien**, die über kürzere und somit zeitsparende Wege zu erreichen sind.
– Die **Finanzwirtschaft** ist nicht mehr im Haushaltssystem des Verwaltungsträgers enthalten und ermöglicht deshalb ein flexibleres Handeln.
– Das **Rechnungswesen** ist ebenfalls autonom und auf die jeweiligen Besonderheiten der Organisation zugeschnittenen, sodass die notwendigen Führungs- und Kontrollinformationen gezielter weitergeleitet werden können.
  Allerdings ist bisher unklar, ob dadurch tatsächlich eine **kostengünstigere Aufgabenerfüllung** möglich ist. Genaueres lässt sich nur in der Einzelfallbetrachtung feststellen. Ideologien dürfen hier nicht berücksichtigt werden.
– Aus haushaltswirtschaftlichen Gründen kann die **Aussonderung und Ausgliederung** spezieller Aufgaben bzw. Projekte vorgenommen werden (z. B. beschränkte Haftung von Projektgesellschaften in der Stadtentwicklung oder bei Olympia-Bewerbungen).
– Zur Vermeidung einer Vermischung mit nicht-wirtschaftlicher Betätigung muss ein gesonderter Nachweis der **wirtschaftlichen Betätigung** vorliegen.

Die Verselbstständigung von Konzernbetrieben in privatrechtlicher Form als Eigengesellschaft wird als **formelle Privatisierung** bezeichnet. Alle Anteile an dieser Gesellschaft bleiben in der Hand einer Gebietskörperschaft. Dagegen handelt es sich um eine **Privatisierung im materiellen Sinne** (vgl. Lösch, A. v.: Privatisierung, S. 49), wenn eine bislang öffentliche Aufgabe an Private übergeben wird. Damit wird neben der Trägerschaft auch die Verantwortung zur Wahrnehmung der Aufgabe übertragen. Dadurch sind die öffentlichen Aufgaben, die für eine solche Art der Privatisierung geeignet sind, äußerst eingeschränkt. Somit wären nur die freiwilligen Selbstverwaltungsaufgaben im kommunalen Bereich auf diese Art und Weise zu privatisieren.

Eine andere Möglichkeit der Privatisierung ist die vollständige oder teilweise Übertragung von Tätigkeiten/Arbeiten zur Aufgabenerfüllung, indem die öffentliche Verwaltung in der Verantwortung verbleibt, da an private Personen nur Einzelaufträge für Lieferungen und Leistungen zur Erfüllung öffentlicher Aufgaben für einen befristeten Zeitraum vergeben werden.

Die Entscheidung, in welcher Rechtsform die privaten Personen oder Unternehmen in diesem Fall tätig werden, liegt nicht in der Kompetenz der politischen und administrativen Leitungsgremien, sondern in der Verantwortung der Verwaltung.. Aber trotzdem ist es nicht unmöglich, bei der Vergabeentscheidung der Lieferungen und Leistungen bewusst auf die Art und Weise der Auftragserfüllung einzuwirken. I. d. R. wird einem Auftragnehmer in genossenschaftlicher Rechtsform vor der GmbH und der AG der Vorzug gewährt, da ersterer mehr das bürgerschaftliche Interesse fördert, letztere rein gewinnmaximierende Kapitalgesellschaften sind (vgl. Gornas, J. und Beyer, W.: Betriebswirtschaft in der öffentlichen Verwaltung, S. 21 ff.).

2.3 Derivative Verwaltungsträger

2.3.1 Merkmale

Die Merkmale der **derivativen Verwaltungsträger** lassen sich wie folgt charakterisieren:

- Sie sind vollständig verselbstständigte Träger öffentlicher Verwaltung außerhalb der Gebietskörperschaften, d. h. sie sind nicht Bestandteil eines öffentlichen Konzerns, sondern bilden ggf. eigene Konzernstrukturen.
- Sie nehmen öffentliche Aufgaben wahr, z. T. auch hoheitlicher Art, insbesondere aus dem sozialen und berufsständischen Bereich.
- Sie finanzieren sich über Zwangsabgaben.

Der Begriff der **Parafisci** beschreibt die Mittelstellung zwischen **staatlichem** und **privatem** Bereich. Eine Wahrnehmung dieser Aufgaben ist prinzipiell aber auch durch staatliche Gebietskörperschaften möglich, u. a. aus Effizienz- und Effektivitätsaspekten (siehe 1.3.3.4.4). Die Aufgaben werden durch eigene Verwaltungsträger, entweder als Personenkörperschaft oder als Anstalt, erfüllt.

2.3.2 Öffentlich-rechtliche Formen

2.3.2.1 Personenkörperschaften

Öffentlich-rechtliche Personenkörperschaften differenzieren sich nach der Art ihrer Mitgliedschaft. Diese Mitgliedschaft natürlicher bzw. juristischer Personen definiert sich aufgrund bestimmter Eigenschaften (z. B. durch die Berufszugehörigkeit) oder aufgrund eines Grundbesitzes (z. B. Grundstücke, die an Gewässer angrenzen). Die Personenkörperschaften bekommen in diesem Fall hoheitliche Funktionen übertragen.

Beispiele:

- Rechtsanwaltskammern
- Handwerkskammern
- Landwirtschaftskammern
- Ärzte- und Apothekerkammern
- Allgemeine Ortskrankenkassen
- Deutsche Rentenversicherung
- Industrie- und Handelskammern
- Wasser- und Bodenverbände

Die Personenkörperschaft nimmt u. a. hoheitliche Aufgaben wahr, wie z. B. Zulassungen zur Berufsausübung, Berufsverbote, Abnahme von Prüfungen etc. Für die jeweilige Berufsgruppe ist eine Pflichtmitgliedschaft festgelegt.

2.3.2.2 Anstalten

Eine Anstalt des öffentlichen Rechts ist eine einem bestimmten öffentlichen Zweck dienende öffentliche Einrichtung. Sie ist, im Gegensatz zur Körperschaft, nicht durch den mitgliedschaftlichen Verband natürlicher bzw. juristischer Personen bedingt. Die Anstalt hält einen Apparat personeller und sächlicher Ressourcen bereit und ist selbst Träger öffentlicher Verwaltung. Personen treten nicht als Mitglieder, sondern als **Benutzer** der jeweiligen Anstalt in Erscheinung. So wird bei der Bundesagentur für Arbeit nicht mehr von Arbeitsuchenden oder Leistungsempfängern gesprochen, sondern von Kunden. Zu den Anstalten des öffentlichen Rechts zählen auch die Rundfunk- und Fernsehanstalten.

Beispiele:

- Bundesagentur für Arbeit
- Rundfunk- und Fernsehanstalten

2.3.3 Beliehene

Ein Beliehener ist eine natürliche Person oder eine juristische Person des Privatrechts, welchem für bestimmte Aufgaben hoheitliche Rechte übertragen worden sind. In den beliehenen Aufgabenbereichen tritt der Beliehene daher im Rahmen als Hoheitsträger auf. Diese Personen des Privatrechts sind selbstständig und im eigenen Namen und auf eigene Rechnung tätig.

Beispiele:

- TÜV
- Bezirksschornsteinfeger
- Fleischbeschauer
- gesetzlicher Betreuer

- Notar
- Flugkapitän (§ 12 I LuftSiG)
- öffentlich bestellter Sachverständiger
- Toll Collect GmbH

2.4 Regionalverbände

Neben den erörterten Konzernstrukturen von Bund, Ländern und Kommunen gibt es auch Organisationseinheiten, in denen sich Gebietskörperschaften auf einer höherrangigen Ebene zusammengeschlossen haben. Dies trifft insbesondere für die Kommunen zu, die sogenannte Regionalverbände bilden.

Beispiele:

- Metropolregionen, z. B. Hannover, Mannheim, München, Bonn
- Verband Region Rhein-Neckar
- Verband Region Stuttgart
- Region Bonn/Rhein-Sieg/Ahrweiler
- Grenzüberschreitende Region Pamina
- Grenzüberschreitende Region Euregio

Der Begriff „Regional Governance" dient zur Bezeichnung einer komplexen Steuerungsstruktur in Regionen (vgl. Benz, A. und Fürst, D.: Regionen erfolgreich steuern, S. 12 ff.). Diese Regionalverbände können in etwa mit sogenannten strategischen Allianzen verglichen werden, wie sie private Unternehmen praktizieren.

Die **institutionellen Strukturen** können bestimmt werden nach:

- der Art der Regionalabgrenzung
- der Rechtsform
- der Instanz, die sie legitimiert
- den Kompetenzen

Für **deutsche Regionen** können folgende Formen differenziert werden:

- die regionale Gebietskörperschaft
- der Regionalverband
- die Regionalkonferenz
- das regionale Netzwerk

Folgende **Faktoren** können zur Beschreibung der Regionen und ihren Erfolgsbedingungen dienen:

- der Zweck, die Themen und die situativen Rahmenbedingungen
- die Akteure
- die Akteurskonstellationen
- die Institutionalisierung

- die prozess-endogenen Faktoren
- die Stärken und Schwächen
- Erfolge und Misserfolge

(vgl. Benz, A. und Fürst, D.: Regionen erfolgreich steuern, S. 31)

Typen regionaler Organisation	Regions-abgrenzung	Rechtsform	Entscheidungs-instanz	Kompetenzen
regionale Gebietskörper-schaft	kommunale Verwaltungs-grenzen	Gebiets-körperschaft	Regional-parlament	rechtsverbindliche Planung, regionale Fachaufgaben
Regionalverband				
einfacher Planungs-verband	kommunale Verwaltungs-grenzen	Verband (freiwillig oder Zwangs-verband)	Verbands-versammlung	Regionalplanung, regionale Entwicklungs-konzepte, Fachaufgaben
mehrfacher Planungs-verband				
Zweckverband				
Regional Konferenz	funktionale Abgrenzung	Vereinbarung	Regional-konferenz	Entwicklungs konzept
regionale Netzwerke				
mit organisa-torischem Kern	funktionale Abgrenzung	Entwicklungs-agentur: öffentliches oder privates Unternehmen	keine	Entwicklungs-konzept, Leitprojekte
ohne organisa-torischen Kern	flexible Abgrenzung	keine Rechtsform	keine	ad-hoc-Kooperation

Abb. 16: Typen regionaler Organisationen (vgl. Benz, A. und Fürst, D.: Regionen erfolgreich steuern, S. 32 f.)

Regional Governance	Kreis der beteiligten Akteure	Regelsystem	Stabilität der Beziehungen
regionale Gebietskörperschaft	weit, öffentliche Akteure (Land, Region, Kommunen), festliegend	Regulierung, finanzielle Anreize, Finanzausgleich	institutionalisiert
regionale Mehrebenenstruktur	weit, öffentliche Akteure (Land, Region, Kommunen) und private Akteure, relativ offen	Verhandlungen im Schatten der Hierarchie	institutioneller Rahmen, Vertragsbeziehungen und Netzwerke
regionaler Planungsverband	eng, öffentliche Akteure (Planungsabteilungen des Landes und der Kommunen), festliegend	Regulierung durch verbindliche Pläne, faktische Verhandlungen	institutionalisiert und Netzwerk
Regionalkonferenz	weit, öffentliche und private Akteure, relativ offen	Verhandlungen, z. T. mit Anreizen	schwach institutionalisiert
regionale Netzwerke	weit, öffentliche und private Akteure	Verhandlungen	Netzwerke

Abb. 17: Typen von Regional Governance (vgl. Benz, A. und Fürst, D.: Regionen erfolgreich steuern, S. 32 f.)

In Deutschland gibt es laut Initiativkreis Europäische Metropolregionen folgende anerkannte Metropolregionen:

Metropolregion	Bevölkerung 2000	Bevölkerung 2010	Bevölkerung 2030 (BBR-Prognose)	Bevölkerungsentwicklung in %		Natürlicher Saldo je 1.000 Ew. 2010	Wanderungssaldo 2007–2010	
				2000–2010	2010–2030		Je 1.000 Ew.	Frauen, 18 bis unter 25 Jahre je 1.000 im JD
Berlin-Brandenburg	5.984.132	5.963.998	5.785.131	-0,34	-3,00	-1,30	7,3	107,8
Bremen-Oldenburg im Nordwesten	2.692.494	2.723.177	2.787.822	1,14	2,37	-2,42	5,3	35,7
Frankfurt Rhein Main	5.457.037	5.537.125	5.785.678	1,47	4,49	-0,83	5,2	110,7
Hamburg	4.970.522	5.076.423	5.117.866	2,13	0,82	-1,92	11,2	76,8
Hannover-Braunschweig-Göttingen-Wolfsburg	3.937.678	3.852.680	3.684.487	-2,16	-4,37	-3,59	-1,6	40,7
Mitteldeutschland	7.333.827	6.822.925	5.648.323	-6,97	-17,22	-4,14	-10,7	0,0
München	5.196.173	5.522.838	5.931.253	6,29	7,40	0,11	17,8	150,2
Nürnberg	3.482.908	3.446.957	3.381.127	-1,03	-1,91	-2,98	0,3	28,9
Rhein-Neckar	2.332.879	2.362.046	2.453.015	1,25	3,85	-1,79	7,2	109,5
Rhein-Ruhr	11.814.389	11.635.568	11.277.926	-1,51	-3,07	-2,87	0,0	67,9
darin Metropole Ruhr	5.359.228	5.150.307	4.864.473	-3,90	-5,55	-4,39	-4,2	42,4
darin Metropolregion Köln/Bonn	3.446.167	3.556.709	3.617.402	2,61	1,71	-0,76	7,7	120,0
Stuttgart	5.204.587	5.284.042	5.511.312	1,53	4,30	-0,55	-0,9	41,5
darin Verband Region Stuttgart	2.613.379	2.678.795	2.827.717	2,50	5,56	0,18	2,5	89,8
Metropolregionen in Deutschland	57.543.299	57.543.299	56.662.153	-0,30	-1,53	-2,06	3,0	71,4
Deutschland	81.751.602	81.751.602	80.357.933	-0,62	-1,70	-2,21	1,3	47,9

Abb. 18: Bevölkerungsentwicklung in den anerkannten Metropolregionen nach IKM (vgl. Bundesinstitut für Bau-, Stadt- und Raumforschung (BBSR) im Bundesamt für Bauwesen und Raumordnung (BBR) & Initiativkreis Europäische Metropolregionen in Deutschland (IKM): Metropolregionen in Deutschland, S. 10)

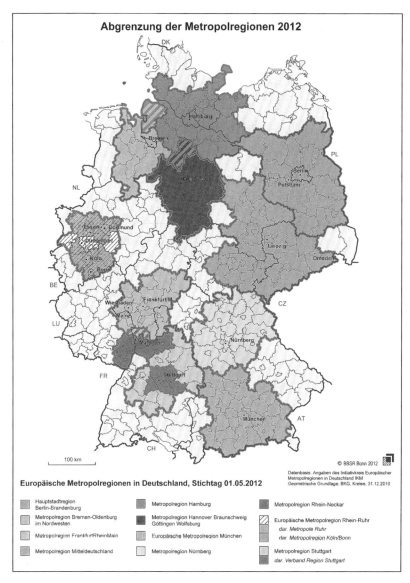

Abb. 19: Metropolregionen nach IKM (Bundesinstitut für Bau-, Stadt- und Raumforschung (BBSR) im Bundesamt für Bauwesen und Raumordnung (BBR) & Initiativkreis Europäische Metropolregionen in Deutschland (IKM): Metropolregionen in Deutschland, S. 7) Übernahme dankeswerterweise genehmigt vom Herausgeber

Im internationalen Vergleich steht die Metropolregion Rhein-Ruhr nach Einwohnerzahlen zurzeit auf Rang 26. Die drei größten Metropolregionen dieser Welt in Einwohnern sind Tokio (ca. 37,5 Mio.), Mexiko-Stadt (ca. 20,0 Mio.) und New York (ca. 18,8 Mio.).

Die Metropolregion Hannover-Braunschweig-Göttingen-Wolfsburg (vgl. Metropolregion Hannover-Braunschweig-Göttingen-Wolfsburg: Organisation, o. S.):
Diese Metropolregion besteht aus 20 Landkreisen und kreisfreien Städten mit 431 Gemeinden. Insgesamt leben dort ca. 3,9 Millionen Menschen auf den ca. 19.000 km². Im Jahr 2005 hat die Ministerkonferenz für Raumordnung (MKRO) das Gebiet als Metropolregion anerkannt. Seit dem 26.4.2008 wird auch die Stadt Wolfsburg im Titel geführt.

Die **Metropolregion GmbH** wurde 2009 von Kommunen, dem Land Niedersachsen, der Wirtschaft und Wissenschaft gegründet. Dieser inhaltliche und organisatorische Neustart wurde beschlossen, da die angestrebten Ziele in der bisherigen Organisationsform nicht erreichbar schienen.

Die **Metropolregion GmbH** hat als Anteilseigner mehrere Vereine:

- Die vier namensgebenden Städte Hannover, Göttingen, Braunschweig und Wolfsburg tragen dazu bei, dass der **Verein Kommunen** (49 Kommunen) 46 % der GmbH hält.
- Der **Verein Wirtschaft** besteht aus 23 Unternehmen und wirtschaftsnahen Verbänden. Zu den Vereinsmitgliedern zählen unter anderem Volkswagen, Siemens und Continental, aber auch viele mittelständische Unternehmen.
  Die regionalen Hochschulen (15 Hochschulen) haben sich im **Verein Hochschulen und wissenschaftliche Einrichtungen** zusammengeschlossen.
  Der Verein Wirtschaft und der Verein Hochschulen und wissenschaftliche Einrichtungen halten beide je ca. 23 % der Anteile der Metropolregion GmbH.
- Das **Land Niedersachsen** hält einen Anteil von 8 %. Diese Beteiligung wird über die Niedersächsische Staatskanzlei koordiniert.

Der Aufsichtsrat besteht aus 17 Mitgliedern, im Vorsitz wechseln sich die Oberbürgermeister von Hannover und Braunschweig ab. Beide Städte stellen auch die Geschäftsführung der Metropolregion GmbH. Die Metropolversammlung findet jährlich statt.

Die Tätigkeiten der Metropolregion GmbH sind:

- Engagement in den Bereichen Mobilität und Energie
- Wissensvernetzung sowie Bündelung der Stärken im Außenauftritt bei Messen
- Europäische Integration – Betrieb der Kooperationsplattform *Métropole* in Zusammenarbeit mit der Französischen Botschaft

Der Verband Region Rhein-Neckar (VRRN) (vgl. Metropolregion Rhein-Neckar: Verband Region Rhein-Neckar, o. S.):
Dieser Verband ist demokratisch legitimiert und stellt den Ort der politischen Willensbildung in der Europäischen Metropolregion Rhein-Neckar dar. Er wurde zum 1. Januar 2006 auf Basis des Staatsvertrags vom 25. Juli 2005 als Körperschaft des öffentlichen Rechts gegründet. Somit ist der VRRN Rechtsnachfolger des Raumordnungsverbands Rhein-Neckar, des Regionalverbands Rhein-Neckar-Odenwald (bis Mai 2003 Unterer Neckar genannt) und der Planungsgemeinschaft Rheinpfalz.

Aus dem Blickwinkel der staatlichen Verwaltungsstruktur betrachtet, gehört der Verband Region Rhein-Neckar zu den Regionalverbänden (im rheinland-pfälzischen Terminus Planungsgemeinschaften genannt). Diese sind von den Kommunen getragen und stehen außerhalb der klassischen Verwaltungshierarchie. Sie sind also keine Mittelbehörden, obwohl sie eine Ebene zwischen den Stadt- bzw. Landkreisen und den Bundesländern bilden. Dies hat den großen Vorteil, dass regionale Fragen und Probleme unbefangener und „über den Tag hinaus" angegangen werden können.

Historie:
* Zu Beginn steht der Staatsvertrag zwischen den Ländern Baden-Württemberg, Hessen und Rheinland-Pfalz über die Zusammenarbeit bei der Raumordnung im Rhein-Neckar-Gebiet vom 3. März 1969.
* Der neue Staatsvertrag vom 26. Juli 2005 zur Gründung des Verbands Region Rhein-Neckar bietet die Möglichkeit, einen einheitlichen Regionalplan über drei Ländergrenzen hinweg aufzustellen.
* Mit diesem neuen Staatsvertrag von 2005 wurde eine weitere Besonderheit aufgehoben: Die Gebiete der Planungsgemeinschaft Rheinpfalz und des Regionalverbands Rhein-Neckar-Odenwald waren wesentlich größer als ihre zum Raumordnungsverband Rhein-Neckar-Gebiet gehörenden Teilräume. Diese sind jetzt vollständig integriert.

Mitglieder des Verbands Region-Rhein-Neckar (VRRN):
1. in Baden-Württemberg die Stadtkreise Heidelberg und Mannheim, der Rhein-Neckar-Kreis sowie der Neckar-Odenwald-Kreis
2. in Hessen der Landkreis Bergstraße
3. in Rheinland-Pfalz die kreisfreien Städte Frankenthal, Landau, Ludwigshafen am Rhein, Neustadt/Weinstraße, Speyer und Worms sowie die Landkreise Bad Dürkheim, Rhein-Pfalz-Kreis und Südliche Weinstraße
   - Gesamtgebiet: 5.637,78 km²
   - Einwohnerzahl: ca. 2,36 Mio.

Organe des Verbands Rhein-Neckar (VRRN) sind:

Die **Verbandsversammlung:**

- besteht aus 96 Mitgliedern
- 73 Mitglieder davon werden durch die Mitgliedsgebietskörperschaften entsendet
- 23 sogenannte geborene Mitglieder, dies sind die Landräte sowie Oberbürgermeister und Bürgermeister der Städte mit mehr als 25.000 Einwohnern, die der Verbandsversammlung von Amts wegen angehören
- fällt alle wesentlichen inhaltlichen Entscheidungen in den Zuständigkeitsbereichen des Verbands
- wählt den Verbandsdirektor und den leitenden Direktor, erlässt und ändert Satzungen, verabschiedet die Haushalte und setzt die Verbandsumlage fest
- trifft sich i. d. R. zweimal im Jahr

Der **Verwaltungsrat:**

- besteht aus dem Verbandsvorsitzenden, der kraft Amtes den Vorsitz führt, und weiteren 27 Mitgliedern aus der Mitte der Verbandsversammlung
- bereitet die Sitzungen der Verbandsversammlung vor
- entscheidet über Einstellung und Eingruppierung der Verbandsbediensteten mit Ausnahme des Verbandsdirektors und des leitenden Direktors
- überwacht die Tätigkeit der Verwaltung

Der **Verbandsvorsitzende:**

- wird von der Verbandsversammlung aus ihrer Mitte für 4 Jahre gewählt
- vertritt den Verband, leitet die Verbandsverwaltung und erledigt die Geschäfte der laufenden Verwaltung

Die **Aufgaben** und **Zuständigkeiten** des **Verbands** sind:

- Aufstellung, Fortschreibung und sonstige Änderung eines einheitlichen Regionalplans für das Verbandsgebiet
- Hinwirkung auf die Verwirklichung des Regionalplans, insbesondere durch regionale Entwicklungskonzepte und -programme
- Förderung der grenzüberschreitenden Zusammenarbeit der für die Verwirklichung maßgeblichen öffentlichen Stellen und Personen des Privatrechts
- Unterstützung der Zusammenarbeit von Kommunen zur Stärkung teilräumlicher Entwicklungen
- Trägerschaft und Koordinierung:
    - für regionalbedeutsame Wirtschaftsförderung und das regionale Standortmarketing

- für einen regionalbedeutsamen Landschaftspark sowie Trägerschaft und Koordinierung von regionalbedeutsamen Erholungseinrichtungen
- für regionalbedeutsame Kongresse, Messen, Kultur- und Sportveranstaltungen
- für das regionale Tourismusmanagement
- Koordinierung von Aktivitäten im Bereich der integrierten Verkehrsplanung und des Verkehrsmanagements sowie der Energieversorgung auf der Grundlage von regionalen Entwicklungskonzepten

2.5 Öffentliche Verwaltung auf internationaler Ebene

Die vielfältigen und komplexen Aufgaben der öffentlichen Verwaltung müssen nicht nur auf nationaler Ebene bewältigt werden. Auch jenseits der nationalen Ebene existiert eine Vielzahl an Verwaltungsträgern, die im Rahmen der Bereitstellung beträchtlicher personeller und sachlicher Mittel Aufgaben der öffentlichen Verwaltung wahrnehmen.

Diese Organisationen arbeiten als Träger öffentlicher Verwaltung auf internationaler Ebene und sind entweder **staatlich** oder **nichtstaatlich**, je nach Art der Personen, die diese Organisationen gründen.

Staatliche Organisationen, die auf internationaler Ebene arbeiten, besitzen aufgrund ihrer Verbindung zu souveränen Staaten eine Völkerrechtspersönlichkeit. Es gibt somit keine übergeordnete völkerrechtliche Autorität. Staaten sind Träger völkerrechtlicher Rechte und Pflichten. Durch das Völkerrecht gilt eine Gleichberechtigung beispielsweise zwischen einzelnen Staaten (z. B. zwischen San Marino und den USA). Größenunterschiede – wie die Fläche des Landes oder die Bevölkerungsanzahl – spielen keine Rolle. De facto wird diese Gleichberechtigung aber durch politische und ökonomische Machtunterschiede wiederum relativiert.

Staatliche internationale Organisationen sind beispielsweise:

- die weltweit tätige UNO, mit ihrem recht umfangreichen Verwaltungsapparat (FAO, ILO etc.)
- auf regionalstaatlicher Ebene z. B. die Union Südamerikanischer Nationen (UNA SUR), die Arabische Liga sowie die Organisation für Afrikanische Einheit (OAU)

Aufgaben sind die Koordination des nationalen Handelns ihrer Mitglieder ohne bindende Weisungskompetenzen ihren Mitgliedern gegenüber, sodass damit keine Einschränkung der Souveränität der Mitgliedsstaaten einhergeht.

Die **supranationalen Gemeinschaften** besitzen eine besondere Funktion. In bestimmten Situationen haben sie eine unmittelbare Entscheidungsbefugnis, stellvertretend für die Bevölkerung ihrer jeweiligen Mitgliedsstaaten. Diese Berechtigung schränkt die der Gemeinschaft angehörigen Staaten erheblich in ihrer Souveränität ein, anders als beispielsweise bei international arbeitenden Organisationen, die keine derartigen Weisungsbefugnisse besitzen. Auf europäischer Ebene ist die Europäische Union (EU) mit ihrem komplexen und großen Verwaltungsapparat in Form der Brüsseler Kommission die wohl bedeutsamste supranationale Organisation.

Die international arbeitenden Organisationen unterscheiden sich von den supranationalen Organisationen hinsichtlich ihrer **Koordination** und **Integration:**

- Während die internationalen Organisationen vornehmlich die **Koordination** des nationalen Handelns ihrer Mitglieder arrangieren,
- beabsichtigen die supranationalen Organisationen hingegen eine **Integration** ihrer Mitgliedstaaten im Sinne eines gemeinsamen und zielführenden Handelns.

Bei **nichtstaatlichen internationalen Organisationen** liegt dagegen ein Zusammenschluss innerstaatlicher Organisationen zugrunde. I. d. R. besitzen diese Vereinigungen keine Völkerrechtspersönlichkeit, wie beispielsweise die Internationale Handelskammer oder das Internationale Komitee vom Roten Kreuz (IKRK). Obwohl diese Organisationen Träger öffentlicher Verwaltung sind, spielen sie im Vergleich zu den staatlichen internationalen Organisationen keine große Rolle (vgl. Gornas, J. und Beyer, W.: Betriebswirtschaft in der öffentlichen Verwaltung, S. 19 f.).

3. Determinanten der öffentlichen Verwaltung

3.1 Rahmenbedingungen

Bei der Wahrnehmung von öffentlichen Aufgaben und der Realisierung der in diesem Rahmen festgelegten Handlungsziele hat die öffentliche Verwaltung eine Vielzahl von allgemeinen Grundsätzen zu berücksichtigen. Diese bestimmen das Verwaltungshandeln insgesamt und nicht nur einzelne öffentliche Aufgaben.

Die Grundsätze werden deshalb auch als Rahmenbedingungen oder Restriktionen öffentlichen Handelns definiert. Die Verwaltungstätigkeit wird begrenzt bzw. ausgerichtet an folgenden Rahmenbedingungen:

- betriebswirtschaftlichen
- volkswirtschaftlichen
- finanzwirtschaftlichen
- juristischen

Im Folgenden werden die Rahmenbedingungen erörtert, welche die **ökonomische Dimension** des Verwaltungshandelns betreffen, d. h. die betriebswirtschaftlichen, volkswirtschaftlichen und finanzwirtschaftlichen Rahmenbedingungen. Dabei wird der Schwerpunkt der Ausführungen auf den betriebswirtschaftlichen Rahmenbedingungen liegen.

Diese Rahmenbedingungen stehen nicht nur **indifferent** oder **komplementär**, sondern z. T. auch **konkurrierend** zueinander (vgl. Gornas, J. und Beyer, W.: Betriebswirtschaft in der öffentlichen Verwaltung, S. 41).

3.1.1 Wirtschaftlichkeit

3.1.1.1 Begriff der Wirtschaftlichkeit im Haushaltsrecht

Gemäß § 7 I der BHO/LHO sind bei der Aufstellung und Ausführung des Haushaltsplans die **Grundsätze der Wirtschaftlichkeit und Sparsamkeit** zu berücksichtigen. Im § 6 I HGrG findet sich eine ähnliche Bestimmung. Jedoch ist den Gesetzen nicht zu entnehmen, was die **Grundsätze** der **Wirtschaftlichkeit** und der **Sparsamkeit** umfassen, insbesondere wie sie voneinander abzugrenzen sind (vgl. § 110 II NKomVG).

Fricke und Giesen (vgl. Fricke, E. und Giesen, H. A.: Haushaltsrecht, S. 151 f.) haben den Standpunkt, dass eine Definition im Gesetz deshalb verzichtbar sei, weil die nicht ausgeführten Rechtsbegriffe „Wirtschaftlichkeit" und „Sparsamkeit" in sich aussagekräftig genug seien. Außerdem würden die Vorschriften ausreichend konkrete Anwendungsbeispiele regeln, die Fälle der Prinzipien darstellten, aus denen sich die Intention der Grundsätze ergäben. Diese Meinung ist anzuzweifeln, denn wenn die genannten Rechtsbegriffe klar und eindeutig wären, dürfte es in der öffentlichen Verwaltung auch keine Unwirtschaftlichkeit und Verschwendung etc. geben.

3.1.1.2 Einzelwirtschaftliche Wirtschaftlichkeit (Kostenwirtschaftlichkeit)

Das **Rationalprinzip** ist das Fundament des wirtschaftlichen Prinzips. Menschliches Handeln, das auf ein konkretes Ziel gerichtet ist, egal ob im Sport, in der Technik oder in der Wirtschaft etc., folgt dem allgemeinen Vernunftprinzip, auch Rationalprinzip genannt. Nach diesem Prinzip werden alle Tätigkeiten mit der Intention definiert, den Erfolg bzw. das Ergebnis in Relation zum Einsatz optimal zu gestalten.

Die **ökonomische Ausprägung** wird als **Wirtschaftlichkeitsprinzip** definiert, d. h. Einsatz und Ergebnis sind durch ökonomische Größen bestimmt, wie beispielsweise Kosten, produzierte Leistungen oder entstandener Nutzen. Das Prinzip fordert, dass ein **optimales Verhältnis** zwischen dem Mitteleinsatz und dem dadurch zu erzielenden Ergebnis entsteht. Nicht gemeint ist damit, dass mit minimalem Einsatz ein maximales Ergebnis erreicht werden soll. Denn es ist logisch nicht möglich, von zwei Größen, die miteinander in Beziehung stehen, gleichzeitig die eine zu minimieren und die andere zu maximieren (Mini-Max-Prinzip).

Das Wirtschaftlichkeitsprinzip kann in zwei verschiedenen Richtungen formuliert werden:

- In der Ausprägung des **Minimalprinzips** bedeutet dies, dass eine vorgegebene, in physischen Größen messbare Leistung (bzw. eine bestimmte Aufgabe oder ein bestimmtes Ziel) mit dem geringstmöglichen Einsatz erbracht bzw. erfüllt werden soll. Da beim **Minimalprinzip** die Ressource eingesetzt werden soll, die – auch unter Berücksichtigung qualitativer Aspekte – den geringsten Aufwand erfordert, wird dieses Prinzip auch **Sparprinzip** genannt. Dieses Prinzip kann auch als einsatz-, input-, ausgaben-, aufwands- oder kostenorientiertes Wirtschaftlichkeitsprinzip bezeichnet werden.

- Unter der Ausprägung des **Maximalprinzips** ist zu verstehen, dass mit vorgegebenen Mitteln (bzw. vorhandenen Verwaltungseinrichtungen, vorhandenen Ressourcen, Produktionsfaktoren) das bestmögliche Ergebnis erzielt werden soll. Weil das **Maximalprinzip** als Ziel hat, vorhandene Ressourcen der günstigsten Verwendung zuzuführen, wird es auch **Ergiebigkeitsprinzip** genannt. Dieses Prinzip kann auch als output-, einnahmen-, ertrags-, erlös- oder nutzenorientiertes Wirtschaftlichkeitsprinzip bezeichnet werden.

Das **Wirtschaftlichkeitsprinzip** hat letztlich die Aufgabe, die im Einzelfall günstigste Zweck-Mittel-Relation herauszufinden.

Die Motive und Ziele des Handelns werden durch das Wirtschaftlichkeitsprinzip nicht offengelegt, denn es ist nur ein **formales Prinzip**. Um **Wirtschaftlichkeit zu messen**, sind Mitteleinsatz (= **Input**) und Ergebnis (= **Output**) zu quantifizieren. Durch die Kosten im betriebswirtschaftlichen Sinne (**betriebsbedingter Güterverzehr, monetäre Bewertung** unter Abgrenzung zum Aufwand) wird der Mitteleinsatz ausgedrückt, d. h. durch den in Euro bewerteten Güterverzehr, welcher für die Produktion der Leistung angefallen ist. Diesen betriebswirtschaftlichen Kosten kann das Ergebnis auf zweierlei Weise gegenübergestellt werden:

- In der einen Form werden die unmittelbar produzierten **Leistungen** den betriebswirtschaftlichen Kosten dafür gegenübergestellt.
- In der anderen Form werden in einer höheren Stufe die erbrachten Leistungen bei den Leistungsempfängern oder der in der Umwelt der ÖVBs erzielten Nutzen mit den dafür angefallenen Kosten in eine Relation gesetzt. Dadurch wird die **Nutzen-Kosten-Analyse** angewandt (vgl. Goldbach, A., Grommas, D. und Barthel, T.: Entscheidungslehre, S. 77).

Die angefallenen Kosten lassen sich in öffentlichen Einrichtungen noch am einfachsten bestimmen. Komplexer ist es bereits, diese den produzierten Leistungen zuzuordnen, da öffentliche Aufgaben i. d. R. hohe Fixkosten bei niedrigen variablen Kosten verursachen. Zur Ermittlung ist eine Kosten- und Leistungsrechnung notwendig. Die **Nutzenmessung** ist dagegen sehr schwierig zu ermitteln und subjektiv gefärbt.

$$\frac{\text{Leistung}}{\text{Kosten}} \text{ maximieren}$$

$$\frac{\text{Nutzen}}{\text{Kosten}} \text{ maximieren}$$

Die Problematik der Leistungs- bzw. Nutzenmessung soll am Beispiel der Entwässerung beschrieben werden:

Die kommunale Entwässerung hat die Aufgabe, Abwasser d. h. Schmutz- und Regenwasser über die Kanalisation zu transportieren und in Kläranlagen zu reinigen. Die **Abwasserbeseitigung** ist als Nutzen für die privaten Haushalte und Unternehmen zu nennen. Da sich dieser Nutzen jedoch **nicht** unmittelbar je Haushalt (Personenanzahl, Ein- oder Mehrfamilienhaus) oder je **Unternehmen** (unterschiedliche Mengen und Verschmutzungsgrade der Abwässer, unterschiedlich große befestigte Flächen, die Regenwasser abführen) bestimmen lässt, ist es Ziel, quantitativ und qualitativ erfassbare Leistungen zu finden. Weil die tatsächlich eingeleiteten Mengen unbekannt sind, scheidet der sogenannte **Wirklichkeitsmaßstab** für die Leistungsmessung aus, sodass nur der sogenannte **Wahrscheinlichkeitsmaßstab** als Möglichkeit übrig bleibt.

Bei den Privathaushalten kann angenommen werden, dass die von der Wasserversorgung bezogene Frischwassermenge – abgesehen von einem Abschlag eines festgelegten Prozentsatzes – der Kanalisation wieder als Schmutzwasser zugeführt wird (sogenannter Frischwassermaßstab). Bei den Unternehmen werden in aller Regel zum einen die eingeleiteten Mengen gemessen und zum anderen ist der Verschmutzungsgrad der Abwässer von Relevanz. Die jeweiligen Entwässerungssatzungen nehmen eine Unterscheidung der betrieblichen Abwässer vor (z. B. durch Äquivalenzziffern für Weinbaubetriebe, Chemieunternehmen etc.). Die Beseitigung von Regenwasser als Leistung wird nach den befestigten Grundstücksflächen bemessen (vgl. Gornas, J. und Beyer, W.: Betriebswirtschaft in der öffentlichen Verwaltung, S. 43 f.).

Es lässt sich festhalten, dass die „Haushaltswirtschaft [...] sparsam und wirtschaftlich zu führen" ist (siehe § 110 II NKomVG, ähnlich in § 7 BHO/LHO und in den anderen Bundesländern). Oder anderes ausgedrückt:

> „[1] Bevor Investitionen von erheblicher finanzieller Bedeutung oberhalb einer von der Kommune festgelegten Wertgrenze beschlossen werden, soll durch einen Wirtschaftlichkeitsvergleich unter mehreren in Betracht kommenden Möglichkeiten die für die Kommune wirtschaftlichste Lösung ermittelt werden. [2] Vor Beginn einer Investition mit unerheblicher finanzieller Bedeutung bis zu der nach Satz 1 festgelegten Wertgrenze muss eine Folgekostenberechnung vorgenommen werden."

(§ 12 I KomHKVO Niedersachsen, ähnlich in den anderen Bundesländern).

Als eines der zwei Prinzipien der Kostenwirtschaftlichkeit ist das Minimalprinzip in der öffentlichen Verwaltung vorzufinden, in dem ein qualitativ und quantitativ vorgegebenes Leistungsprogramm mit minimalen betriebswirtschaftlichen Kosten zu realisieren ist. Die Kostenwirtschaftlichkeit zeigt somit die Effizienz der Verwaltungsleistung an.

3.1.1.3 Volkswirtschaftliche Wirtschaftlichkeit

Für geeignete Maßnahmen von erheblicher finanzieller Bedeutung sollen in Anlehnung an § 6 II des HGrG „Wirtschaftlichkeitsrechnungen angestellt werden" (§ 12 I KomHKVO Niedersachsen, ähnlich in § 7 II BHO/LHO und in den anderen Bundesländern). Es kann unterschieden werden in:

- **Volkswirtschaftliche/gesellschaftliche Wirtschaftlichkeit als Ergebnis-Einsatz-Relation** ausgedrückt in ökonomischen/gesellschaftlichen Größen (Leistung – Kosten).

- **Volkswirtschaftlicher Nutzen in Relation zu den volkswirtschaftlichen Kosten einer öffentlichen Maßnahme:** Die Theorie der Nutzen-Kosten-Analyse ist aus der Volkswirtschaftslehre entnommen, umfasst aber auch die Problematik monetärer Bewertung aller Nutzen und Kosten (Nutzen – Kosten).

* **Öffentliche Leistungen (= Output)** in Relation zu den damit für die Bürger erzielten **Auswirkungen/Gemeinwohl (= Outcome)** und zu dem damit im Urteil der Bürger entstandenen **Einwirkungen (= Impact)**:

Dabei sind drei Effektivitätsstufen zu unterscheiden:
Output   (objektive Ebene)
Outcome   (subjektive Ebene)
Impact   (subjektive Ebene)

Beispiel:
Erhöhte Anzahl von Streifengängen der Polizei (= Output)
Sinkende Kriminalitätsrate   (= Outcome)
Höheres Sicherheitsgefühl der Bürger   (= Impact)
Jedoch existieren Probleme in der Zurechnung und der Ergebnismessung, insbesondere beim Impact und Outcome, sodass es notwendig ist, geeignete Messgrößen dafür abzuleiten.

3.1.2 Abgrenzung des Wirtschaftlichkeitsbegriffs

Sparsamkeit kann als „irrationale" Interpretation als **Ausgabenvermeidung/Aufwandsvermeidung** aufgefasst werden, nach dem Motto „Sparen, koste es, was es wolle". Die „rationale" Interpretation wird dagegen als **Aufgabenvermeidung verstanden**, d. h. Zurückhaltung bei der Übernahme neuer Aufgaben durch die öffentliche Hand.

3.1.2.1 Wirtschaftliche Betätigung (Gewinnerzielung)

„Die Kommunen dürfen sich zur Erledigung ihrer Angelegenheiten wirtschaftlich betätigen" (siehe § 136 I NKomVG, ähnlich beim Bund (BHO) und in den Bundesländern (LHO) geregelt):

* Die wirtschaftliche Betätigung der öffentlichen Hand bedeutet eine gewinnorientierte Betätigung in der öffentlichen Wirtschaft.
* Ein umstrittenes Tätigkeitsfeld insbesondere für den Konzern „Kommune" sind die Unternehmen der Daseinsvorsorge, die mit Dienstleistungen von allgemeinem wirtschaftlichen Interesse betraut sind, da gemäß EU-Kommission die Einhaltung der EU-Wettbewerbsregeln durch diese Unternehmen zu erfolgen hat. Die Daseinsvorsorge ist auf europäischer Ebene im Vertrag von Lissabon in den in Art. 14 AEUV geregelten „Diensten von allgemeinem wirtschaftlichen Interesse" verankert. Als Begründung für die kommunale Daseinsvorsorge kann die Verfassungsgarantie der kommunalen Selbstverwaltung aus Artikel 28 II GG herangezogen werden. Außerdem wird in manchen Gemeindeordnungen der Bundesländer auch der Begriff Daseinsvorsorge verwendet, so z. B. in § 102 I Nr. 3 GO Baden-Württemberg, Art. 87 I

Nr. 4 GO Bayern und § 71 I Nr. 4 GO Thüringen. Letztlich lässt sich festhalten, dass der Begriff Daseinsvorsorge rechtlich unbestimmt ist. Dabei tritt ein unlösbarer Konflikt zwischen Wettbewerb und Gemeinwohl auf. Dies umfasst die Grundversorgung der Bevölkerung d. h. Versorgung (Wasser, Strom, Gas), Entsorgung (Abwasserbeseitigung, Müllabfuhr, Friedhöfe), Verkehrs- und Beförderungswesen, Kultur-, Bildungs-, Sporteinrichtungen, Bäder etc. Im Bereich der Versorgung dürfen Gewinne realisiert werden, wenn dies die Erfüllung der öffentlichen Aufgabe zulässt.

3.1.2.2 Sparsamkeit

Neben dem Begriff der Wirtschaftlichkeit wird im Haushaltsrecht der Begriff der Sparsamkeit genannt. Während ersterer formal eindeutig definiert ist, sind bei letzterem unterschiedliche Sichtweisen möglich.

Sparsamkeit kann zum einen als Sparprinzip interpretiert werden und zum anderen als **Minimalprinzip** der Wirtschaftlichkeit. In diesen Fällen wäre im Wirtschaftlichkeitsprinzip die Sparsamkeit bereits begrifflich enthalten und somit eine Ausführung im Haushaltsrecht überflüssig.

Des Weiteren kann Sparsamkeit als ein Verhalten, das ausschließlich auf **Ausgabenvermeidung/Aufwandsvermeidung** zielt, interpretiert werden. Dabei wird die Ergebnisseite in die Überlegung nicht mit einbezogen. Diese Interpretation liefe allerdings dem Rationalprinzip zuwider, sodass diese Sichtweise vom Gesetzgeber nicht gewollt sein kann. In der Umgangssprache wird dies auch oft salopp als „Kaputtsparen", „Totsparen" oder als „Sparen, koste es, was es wolle" charakterisiert.

Die Sparsamkeit hat aber eine **eigenständige** Berechtigung neben der Wirtschaftlichkeit. Während Wirtschaftlichkeit eindeutig dem Bereich der ökonomischen Rationalität des Verwaltungshandelns zuzuordnen ist, wird der Begriff der Sparsamkeit der Sphäre der **politischen Rationalität** zugeordnet. Denn hier ist es ein Entscheidungskriterium über öffentliche Aufgaben und bedeutet, nur öffentliche Aufgaben zu akzeptieren, die unabweisbar sind. Aus dieser Perspektive ist die Sparsamkeit dem Wirtschaftlichkeitsprinzip übergeordnet bzw. vorgeschaltet (vgl. Gornas, J. und Beyer, W.: Betriebswirtschaft in der öffentlichen Verwaltung, S. 46).

Streng genommen bedeutet Sparsamkeit ein „**Aufgabenvermeidungsprinzip**" und somit auch ein „**Aufwands-/Auszahlungsvermeidungsprinzip**".

Kultureinrichtungen wie z. B. Theater, Oper etc. fallen unter den Bereich der freiwilligen Aufgaben. Somit kann die Sparsamkeit als Aufgabenvermeidungsprinzip bedeuten, dass solche kulturellen Einrichtungen nicht mehr weitergeführt werden, sondern geschlossen werden, um Defizite zu senken. Aber es kann sein, dass es dem Wirtschaftlichkeitsprinzip entspricht, diese Aufgabe entgegen des Aufgabenvermeidungsprinzips weiterhin wahrzunehmen, wenn dadurch insgesamt durch Tourismus, Gastronomie etc. der Kommune mehr Einnahmen zufließen als ohne diese

Kultureinrichtungen, falls sich dies letztlich in der Summe lohnt – auch noch nach Verrechnung mit den Defiziten der Kultureinrichtungen.

3.1.2.3 Produktivität

Obwohl bei der Wirtschaftlichkeit der Mitteleinsatz stets monetär in Geldeinheiten erfasst wird, dagegen bei der Produktivität eine Bestimmung nur in **Mengengrößen** erfolgt, werden diese beiden Begriffe häufig miteinander verwechselt.

Unter Produktivität ist das Verhältnis von physischem Ergebnis (z. B. Stück, Kilogramm) und physischem Einsatz von Produktionsfaktoren/ Faktoreinsatzmengen (gemessen in Arbeitsstunden, Betriebsmittel- und Werkstoffeinheiten), jeweils auf eine Periode bezogen, zu verstehen.

Die Produktivität wird wie folgt dargestellt:

Output = Ausbringungsmenge

Input = Faktoreinsatzmenge

$$\text{Produktivitität} = \frac{\text{Ausbringungsmenge}}{\text{Faktoreinsatzmenge}}$$

Bei der Bestimmung der **Produktivität** sind ähnliche Probleme wie bei der Wirtschaftlichkeit vorhanden, denn im Leistungserstellungsprozess der Verwaltung wird weder eine Art von Produktionsfaktoren eingesetzt, noch Leistungen einer bestimmten Art produziert. Dadurch ist es unmöglich, eine Addition von verschiedenen Ausbringungsmengen oder unterschiedlichen Faktoreneinsatzmengen vorzunehmen. Die Ungleichnamigkeit des Quotienten von Ausbringungs- und Einsatzmenge verhindert ebenfalls die Bestimmung der Produktivität. Die Gleichnamigkeit ist aber für die Berechnung der Messgröße „**Gesamtproduktivität**" notwendig. Dadurch kann beispielsweise nicht die Gesamtproduktivität der Kernverwaltung oder des Konzerns Kommune bestimmt werden (vgl. Gornas, J. und Beyer, W.: Betriebswirtschaft in der öffentlichen Verwaltung, S. 48 f.).

Deshalb ist es notwendig von der Gesamtproduktivität auf die **Teilproduktivität** zu wechseln. Teilproduktivitäten sind Messgrößen, bei denen die Ausbringungsmenge nur auf die Einsatzmenge einer einzigen Art von Produktionsfaktoren bezogen ist. Dadurch wird die Schwierigkeit umgangen, die qualitativ unterschiedlichen Produktionsfaktoren gleichnamig zu machen. Das ist aber auch nicht unproblematisch, weil z. B. eine Stunde Arbeitsleistung eines Beamten aus dem höheren Dienst mit anderen Kosten angesetzt wird als eine Stunde Arbeitsleistung eines Beamten aus dem mittleren Dienst.

Folgende Beispiele verdeutlichen dies:
Auf dem Friedhof arbeiten drei Beschäftige. Ihre Aufgabe ist zum einen die Pflege der Anlage und zum anderen das Ausheben und Zuschütten der Grabstellen.

Es stellt sich die Frage, wie die Produktivität zu bestimmen ist. Hier besteht nur die Möglichkeit über Teilproduktivitäten Messgrößen zu ermitteln.

Als Messgröße würde sich zum einen anbieten, die ausgehobenen und zugeschütteten Grabstellen eines Jahres mit den hierfür angefallenen Einsatzstunden des Personals ins Verhältnis zu setzen:

Ausgehobene und zugeschüttete Grabstellen: 60
Einsatzstunden des Personals: 600
Messgröße der Produktivität: 0,1

Zum anderen kann die Produktivität für die Pflege des Friedhofs in einem Jahr wie folgt gemessen werden:

Gepflegte Fläche des Friedhofs in Quadratmetern: 8.400
Einsatzstunden des Personals: 4.200
Messgröße der Produktivität: 2,0

Auch wenn Wirtschaftlichkeit und Produktivität in formaler Sicht **Ergebnis-Einsatz-Relationen** darstellen, dürfen bei der Bewertung dieser Ergebnisse nicht immer gleichgerichtete Analysen gezogen werden.

D. h. aus einer **Unproduktivität** kann **nicht** unmittelbar auf **Unwirtschaftlichkeit** geschlossen werden und umgekehrt genauso wenig. Alle Beziehungen zueinander sind möglich. Insoweit sind Produktivitäts- und Wirtschaftlichkeitsvergleiche unabhängig voneinander und ersetzen sich nicht gegenseitig:

• Wenn im Gegensatz zum Vorjahr im Berichtsjahr mit leistungsfähigeren Maschinen und damit sehr teuren Produktionsfaktoren produziert wird und dafür die zusätzlichen Stückkosten nicht in die Absatzpreise einkalkuliert werden können, ist eine höhere Produktivität im Berichtsjahr als im Vorjahr gegeben. Aber es entstehen auch überdurchschnittlich hohe Kosten je Leistungseinheit, sodass sich die Wirtschaftlichkeit im Berichtsjahr gegenüber dem Vorjahr verschlechtert. Das Gleiche ist der Fall, wenn sich im Berichtsjahr im Vergleich zum Vorjahr die Produktivität verbessert, aber sich gleichzeitig die Personalkosten innerhalb des Berichtsjahrs im Vorjahresvergleich bei ansonsten gleichen Bedingungen erhöhen. Daraus ergibt sich ebenfalls, dass sich die Wirtschaftlichkeit in dem Zeitraum verschlechtert, obwohl sich gleichzeitig die Produktivität im Berichtsjahr gegenüber dem Vorjahr erhöht.

• In einem anderen Szenario ist im Berichtsjahr im Vergleich zum Vorjahr die Produktivität dadurch geringer, dass z. B. die Maschinen häufiger ausfallen und nicht mehr so leistungsfähig sind. Wenn aber gleichzeitig der Verkaufspreis überproportional zu den steigenden Stückkosten angesetzt werden kann und die Absatzmenge gleichbleibt, dann ergibt sich daraus, dass sich die Wirtschaftlichkeit erhöht, ob-

wohl sich gleichzeitig die Produktivität im Berichtsjahr im Vergleich zum Vorjahr verschlechtert.
Dasselbe gilt, wenn sich die Produktivität im Berichtsjahr gegenüber dem Vorjahr zwar verschlechtert, aber gleichzeitig die Produktionskosten im Berichtsjahr im Vergleich zum Vorjahr überproportional gesenkt werden können bei ansonsten gleichen Bedingungen.

• Außerdem ist es möglich, dass Produktivität und Wirtschaftlichkeit im Berichtsjahr im Vorjahresvergleich jeweils gleichbleiben.

• Des Weiteren können sich Wirtschaftlichkeit und Produktivität im Berichtsjahr im Vergleich zum Vorjahr jeweils verbessern.

• Aber es ist auch möglich, dass sich sowohl Wirtschaftlichkeit als auch Produktivität im Berichtsjahr gegenüber dem Vorjahr jeweils verschlechtern.

3.1.2.4 Rentabilität

Rentabilität ist ein rein betriebswirtschaftlicher Begriff. Trotzdem wird er in den Verwaltungen verwendet und zwar nicht nur in der wirtschaftlichen Betätigung, sondern auch in der nicht-wirtschaftlichen Betätigung. Rentabilität impliziert streng genommen **Gewinn-** oder **Renditeerzielung**. Im Bereich der nicht-wirtschaftlichen Betätigung darf maximal eine Rendite von 0 % erzielt werden, also höchstens eine Kostendeckung. Mit der Forderung nach mehr Rentabilität in der öffentlichen Verwaltung ist also maximal eine Nullrendite, d. h. wirtschaftliche Arbeitsweise gemeint.

Der Begriff der Rentabilität ist ein Begriff, der seinen Ursprung im unternehmerischen, **erwerbswirtschaftlichen** Sektor hat. Es ist notwendig für den zu erzielenden Gewinn (absolute Messgröße) Vergleichsmaßstäbe in der Form der Rentabilität (relative Messgröße) zu schaffen, da an der absoluten Messgröße eine falsche Entscheidung getroffen werden kann. Die Rentabilität in Prozent berechnet sich wie folgt:

$$\text{Rentabilität} = \frac{\text{Gewinn}}{\text{Kapital}} \times 100$$

Investitionsalternative A		Investitionsalternative B		Investitionsalternative C	
Investition:	10.000 €	Investition:	10.000 €	Investition:	10.000 €
Gewinn:	1.500 €	Gewinn:	1.000 €	Gewinn:	500 €
Rentabilität:	15,0 %	Rentabilität:	10,0 %	Rentabilität:	5,0 %

• A ist in der Rentabilität und beim Gewinn besser als B und C. Nur bei gleich hoher Investition liefert der Gewinnmaßstab die richtige Entscheidung, die auch der Renditemaßstab liefert.

• B ist in der Rentabilität und beim Gewinn besser als C. Nur bei gleich hoher Investition liefert der Gewinnmaßstab die richtige Entscheidung, die auch der Renditemaßstab liefert.

Investitionsalternative D		Investitionsalternative E		Investitionsalternative F	
Investition:	5.000 €	Investition:	5.000 €	Investition:	5.000 €
Gewinn:	1.000 €	Gewinn:	600 €	Gewinn:	500 €
Rentabilität:	20,0 %	Rentabilität:	12,0 %	Rentabilität:	10,0 %

- D ist in der Rentabilität und beim Gewinn besser als E und F und zusätzlich ist E besser als F. Nur bei gleich hoher Investition liefert der Gewinnmaßstab die richtige Entscheidung, die auch der Renditemaßstab liefert, da die Investitionen ungleich hoch sind.
- Beim Gewinn ist A besser als D, obwohl die Rentabilität bei D höher ist als bei A. Hier wird am Gewinnmaßstab die falsche Entscheidung und nur am Renditemaßstab die richtige Entscheidung getroffen, da die Investitionen ungleich hoch sind.
- B und D sind beim Gewinn identisch, aber bei der Rentabilität ist D besser als B. Hier wird am Gewinnmaßstab die falsche Entscheidung und nur am Renditemaßstab die richtige Entscheidung getroffen, da die Investitionen ungleich hoch sind.
- C und F sind beim Gewinn identisch, aber bei der Rentabilität ist F besser als C. Hier wird am Gewinnmaßstab die falsche Entscheidung und nur am Renditemaßstab die richtige Entscheidung getroffen, da die Investitionen ungleich hoch sind.

Investitionsalternative G		Investitionsalternative H		Investitionsalternative I	
Investition:	20.000 €	Investition:	20.000 €	Investition:	20.000 €
Gewinn:	1.500 €	Gewinn:	1.000 €	Gewinn:	500 €
Rentabilität:	7,5 %	Rentabilität:	5,0 %	Rentabilität:	2,5 %

- G ist beim Gewinn und bei der Rentabilität besser als H und I und zusätzlich ist H besser als I. Nur bei gleich hoher Investition liefert der Gewinnmaßstab die richtige Entscheidung, die auch der Renditemaßstab liefert.
- B, D und H sind beim Gewinn identisch, aber bei der Rentabilität ist D besser als B und H und zusätzlich ist B besser als H. Hier wird am Gewinnmaßstab die falsche Entscheidung und nur am Renditemaßstab die richtige Entscheidung getroffen, da die Investitionen ungleich hoch sind.
- A und G sind beim Gewinn identisch, aber bei der Rentabilität ist A besser als G. Hier wird am Gewinnmaßstab die falsche Entscheidung und nur am Renditemaßstab die richtige Entscheidung getroffen, da die Investitionen ungleich hoch sind.
- Beim Gewinn ist G besser als B, obwohl die Rentabilität bei B höher ist als bei G. Hier wird am Gewinnmaßstab die falsche Entscheidung und nur am Renditemaßstab die richtige Entscheidung getroffen, da die Investitionen ungleich hoch sind.

Bei der Rentabilität wird zwischen **Unternehmer-/Eigenkapitalrentabilität** und **Unternehmungs-/Gesamtkapitalrentabilität** unterschieden. Die **Unternehmerrentabilität/Eigenkapitalrentabilität**, die nur das Eigenkapital umfasst, wird wie folgt in Prozent errechnet:

$$\text{Unternehmerrentabilität/Eigenkapitalrentabilität} = \frac{\text{Gewinn}}{\text{Eigenkapital}} \times 100$$

Bei der **Unternehmungsrentabilität/Gesamtkapitalrentabilität** wird das Gesamtkapital (also das Eigen- und Fremdkapital) zugrunde gelegt und die Zinsen für das Fremdkapital werden dazu addiert. Mit der Addierung der Fremdkapitalzinsen werden diese neutralisiert, da sie ursprünglich als Kostenfaktor in die Gewinnberechnung miteinbezogen wurden und somit den Gewinn geschmälert haben. Ohne Neutralisierung der Fremdkapitalfinanzierung würde die Rentabilität zu klein ausgewiesen, wenn das Unternehmen auch Fremdkapital bei einem Fremdkapitalzinssatz von größer Null aufgenommen hat. Die Unternehmungs-/Gesamtkapitalrentabilität will die Rentabilität des Unternehmens unabhängig von seiner Finanzierung ausweisen. Denn wäre das Unternehmen nur eigenkapital- und nicht fremdkapitalfinanziert, gäbe es auch keine Fremdkapitalzinsen. Die Unternehmungsrentabilität/Gesamtkapitalrentabilität wird wie folgt in Prozent berechnet:

$$\text{Unternehmungsrentabilität/Gesamtkapitalrentabilität} = \frac{(\text{Gewinn+Fremdkapitalzinsen})}{\text{Gesamtkapital}} \times 100$$

Die Fremdkapitalrentabilität ist das Verhältnis von Fremdkapitalzinsen zum eingesetzten Fremdkapital, ausgedrückt in Prozent. Sie gibt damit die durchschnittliche Fremdkapitalverzinsung an und berechnet sich in Prozent wie folgt:

$$\text{Fremdkapitalrentabilität} = \frac{\text{Fremdkapitalzinsen}}{\text{Fremdkapital}} \times 100$$

Die Umsatzrentabilität kann als weiterer Maßstab bestimmt werden. Es soll festgestellt werden, in welchem Verhältnis der Umsatz zum Gewinn steht. Die Umsatzrentabilität ist insbesondere in der wirtschaftlichen Betätigung, z. B. bei der Versorgung, von Interesse. Die **Umsatzrentabilität** wird wie folgt in Prozent errechnet:

$$\text{Umsatzrentabilität} = \frac{\text{Gewinn}}{\text{Umsatz}} \times 100$$

3.1.2.5 Leverage-Effekt

Der **Leverage-Effekt** zeigt die Hebelwirkung des Fremdkapitals auf die Eigenkapitalrentabilität auf. Durch die Finanzierung mit mehr Fremdkapital bei gleichbleibendem oder sinkendem Eigenkapital kann die Eigenkapitalrentabilität gesteigert werden, solange die Fremdkapitalrentabilität kleiner als die Gesamtkapitalrentabilität ist. In der Praxis wird aus

Wachstumsgesichtspunkten das Eigenkapital nicht vermindert, so dass das Gesamtkapital durch die vermehrte Fremdkapitalfinanzierung erhöht wird und nicht gleichbleibt.

Wenn die Gesamtkapitalrentabilität größer als die Fremdkapitalrentabilität ist, kann eine Erhöhung der Eigenkapitalrentabilität realisiert werden, indem Eigenkapital durch Fremdkapital ersetzt wird. Ein bei der Bank als Fremdkapital aufgenommener Euro „verzinst" sich in der Organisation höher als die Sollzinsen, die an die Bank gezahlt werden müssen. Die Differenz erhöht somit die Eigenkapitalrentabilität.

Ausgangssituation:

Eigenkapital:	200.000 €	Eigenkapitalrentabilität:	17,5 %
Fremdkapital:	100.000 €	Fremdkapitalrentabilität:	10,0 %
Gesamtkapital:	300.000 €	Gesamtkapitalrentabilität:	15,0 %

Gewinn nach Fremdkapitalzinsen: 35.000 €

Das Eigenkapital wird reduziert, z. B. um 50.000 €, und das Fremdkapital wird erhöht, z. B. um 50.000 €:

Eigenkapital:	150.000 €	Eigenkapitalrentabilität:	20,0 %
Fremdkapital:	150.000 €	Fremdkapitalrentabilität:	10,0 %
Gesamtkapital:	300.000 €	Gesamtkapitalrentabilität:	15,0 %

Gewinn nach Fremdkapitalzinsen: 35.000 € – 5.000 € = 30.000 €

Dieser **Hebeleffekt** kann sich aber auch zum Nachteil umkehren, sobald die Fremdkapitalrentabilität höher als die Gesamtkapitalrentabilität ist. Wenn die Gesamtkapitalrentabilität kleiner als die Fremdkapitalrentabilität ist, kann eine Erhöhung der Eigenkapitalrentabilität realisiert werden, indem Fremdkapital durch Eigenkapital ersetzt wird. Ein bei der Bank als Fremdkapital aufgenommener Euro „verzinst" sich in der Organisation niedriger als die Fremdkapitalzinsen, die an die Bank gezahlt werden müssen. Die Differenz zwischen Fremdkapitalrentabilität und Gesamtkapitalrentabilität senkt somit die Eigenkapitalrentabilität.

Ausgangssituation:

Eigenkapital:	200.000 €	Eigenkapitalrentabilität:	2,5 %
Fremdkapital:	100.000 €	Fremdkapitalrentabilität:	10,0 %
Gesamtkapital:	300.000 €	Gesamtkapitalrentabilität:	5,0 %

Gewinn nach Fremdkapitalzinsen: 5.000 €

Das Eigenkapital wird erhöht, z. B. um 50.000 €, und das Fremdkapital wird gesenkt, z. B. um 50.000 €:

Eigenkapital:	250.000 €	Eigenkapitalrentabilität:	4,0 %
Fremdkapital:	50.000 €	Fremdkapitalrentabilität:	10,0 %
Gesamtkapital:	300.000 €	Gesamtkapitalrentabilität:	5,0 %

Gewinn nach Fremdkapitalzinsen: 5.000 € + 5.000 € = 10.000 €

Chancen des Leverage-Effekts sind z. B.

- eine Möglichkeit der Erhöhung der Eigenkapitalrentabilität, d. h. ihre Maximierung,
- eine Option zur Kapitalerhöhung für Investitionen und
- eine Strategie, Eigenkapital durch Fremdkapital zu ersetzen.

Risiken des Leverage-Effekts sind z. B.

- eine höhere Insolvenzgefahr bei Betriebsverlusten,
- eine höhere Insolvenzgefahr bei Zinserhöhungen für das Fremdkapital und
- eine niedrigere Kreditwürdigkeit durch den Eigenkapitalabbau und die zusätzliche Aufnahme von Fremdkapital.

3.1.2.6 Effektivität

Neben dem Begriff der Wirtschaftlichkeit werden in der Verwaltung häufig die Begriffe „Effizienz" und „Effektivität" genannt. **Wirtschaftlichkeit und Effizienz** sind als synonym anzusehen, aber der Begriff Effektivität ist auf einer anderen Ebene angesiedelt (vgl. Gornas, J. und Beyer, W.: Betriebswirtschaft in der öffentlichen Verwaltung, S. 44).

Effizienz ist das Verhältnis von Input zu Output, von Leistung zu Kosten. Es geht also um Mittel und Wege zur Erreichung der Zwecke/Wirkungen/Ergebnisse (Effektivität):

- Damit entspricht „Effizienz" der Wirtschaftlichkeit.
- Vereinfacht geht es um die Frage: „**Tun wir die Dinge richtig?**".
- Die **ISO 9000:2005 Nr. 3.2.15** benutzt die folgende Definition: „Verhältnis zwischen dem erzielten Ergebnis und den eingesetzten Mitteln".
- Die Definition für **Effizienz** der **OECD** ist: „Der im Verhältnis zur Genauigkeit und Vollständigkeit eingesetzte Aufwand, mit dem Benutzer ein bestimmtes Ziel erreichen" (OECD: Glossar, S. 27).
- **Effizienz ist wichtig**, aber die falschen Dinge effizient zu tun, ist verschwenderisch und verletzt den Auftrag der öffentlichen Verwaltung.
- **Effektivität ist also wichtiger als Effizienz**, Strategie geht vor Effizienz (vgl. Krems, B.: Online-Verwaltungslexikon, Stichwort: Effektivität, Effizienz).

Unter **Effektivität** ist das Verhältnis zwischen produzierten Leistungen oder bereitgestellten Nutzungsmöglichkeiten und den dadurch hervorgerufenen Wirkungen bei den Abnehmern der Leistung oder dem gesellschaftlichen Umfeld der Verwaltung zu verstehen. Anstelle von **Effektivität** könnte auch von der **Wirksamkeit (Outcome)** des Verwaltungshandelns gesprochen werden:

- **Effektivität** ist der Grad der Wirksamkeit oder das Ausmaß der Erreichung der angestrebten Ziele/Zwecke/Ergebnisse. Das Maß, in dem die Leistungen der Verwaltung (Output) die gewünschten bzw. geplanten Wirkungen (Outcome) erreichen.

- Vereinfacht geht es um die Frage: „**Tun wir die richtigen Dinge?**".
- Die allgemeine Formulierung **der ISO 9000:2005 Nr. 3.2.14** lautet wie folgt: „Ausmaß, in dem geplante Tätigkeiten verwirklicht und geplante Ergebnisse erreicht werden".
- Die Definition für **Effektivität** der **OECD** ist: „Die Genauigkeit und Vollständigkeit, mit der Benutzer ein bestimmtes Ziel erreichen." (OECD: Glossar, S. 26).
- **Effektivität misst den Grad des Erfolgs** der eingesetzten Ressourcen/ Mittel im Verhältnis zur Erreichung der vorgegebenen Ziele.
- Effektivität steht häufig in **Verbindung mit Wohlstand und Wachstumszielen** und wird daher von vielen Faktoren beeinflusst (vgl. Krems, B.: Online-Verwaltungslexikon, Stichwort: Effektivität, Effizienz).

Das Verhältnis von **Effizienz bzw. Wirtschaftlichkeit** auf der einen Seite und **Effektivität** auf der anderen Seite lässt sich wie folgt darstellen:

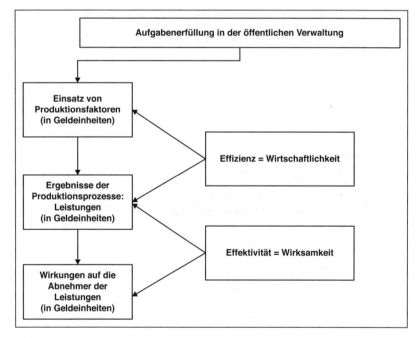

Abb. 20: Zusammenhang von Effizienz und Effektivität (vgl. Gornas, J. und Beyer, W.: Betriebswirtschaft in der öffentlichen Verwaltung, S. 45)

Die denkbaren Konstellationen des Verhältnisses von Effizienz und Effektivität sind in folgender Abb. dargestellt:

Beziehungen zwischen Effizienz und Effektivität	effizient	ineffizient
effektiv	(1) wirtschaftliches und wirksames Verwaltungshandeln, z. T.: Ordnungsgelder	(2) unwirtschaftliches, aber wirksames Verwaltungshandeln, z. T.: Kindertagesstätten, Theater
ineffektiv	(3) wirtschaftliches, aber wenig wirksames Verwaltungshandeln, z. T.: Energiecontracting	(4) unwirtschaftliches und unwirksames Verwaltungshandeln, z. T. Public-Private-Partnership (PPP)

Abb. 21: Beziehungen zwischen Effizienz und Effektivität (vgl. Gornas, J. und Beyer, W.: Betriebswirtschaft in der öffentlichen Verwaltung, S. 45)

Die Abbildung lässt sich wie folgt interpretieren:

- Das Optimum des Handelns ist bei Fall (1) erreicht.
- Die ungünstigste Ausprägung des Handelns ergibt sich bei Fall (4).
- Bei den Fällen (2) und (3) könnte auf einen Zielkonflikt im politisch-administrativen System geschlossen werden.

Die Administrative konzentriert sich auf die **Wirtschaftlichkeit**, was im Extremfall zur Folge haben kann, dass sich einzelne öffentliche Produkte zum **Selbstzweck** entwickeln. Es wird also keine Produktkritik vorgenommen, wodurch die Interessen des Bürgers zu wenig berücksichtigt werden.

Die politischen Organe legen ihren Fokus auf die Wirksamkeit, weil das auch ihren **politischen Interessenlagen** entgegenkommt, d. h. Wiederwahl, Reputation etc. (vgl. Gornas, J. und Beyer, W.: Betriebswirtschaft in der öffentlichen Verwaltung, S. 44 f.).

Ein abschließendes Beispiel für den Zusammenhang von Effizienz und Effektivität:

- Katrin möchte an einem schönen Wintertag für ihr Studium lernen. Wenn sie den ganzen Tag aber nur faulenzt, ist sie nicht effektiv im Sinne des eigentlichen Ziels (Lernen). Folglich macht sie (im Sinne der Zielerreichung) das Falsche.
- Wenn sie nur in ihre Lehrbücher schaut, ist sie durchaus effektiv (da sie ja an der Zielerreichung arbeitet), aber nicht effizient.
- Effektiv und effizient wäre sie, wenn sie mit den richtigen Mitteln (Präsenzveranstaltung, PowerPoint-Handout, Aufgabenskript, Lehrbücher) das Richtige tut (für ihr Studium lernen). Somit geht sie in die Lehrveranstaltung, denn sie will die richtigen Dinge richtig tun.

3.1.2.7 E-Konzepte

Aus der Problematik von Effizienz und Effektivität sind die sogenannten E-Konzepte oder auch E-Modelle entwickelt worden.

3.1.2.7.1 3-E-Konzept

Das 3-E-Konzept wird in Deutschland primär von Dietrich Budäus vertreten. Der Buchstabe „E" ist an die englische Terminologie angelehnt:

- Effectiveness
- Efficiency
- Economy

Das 3-E-Konzept stellt einen generellen Bezugsrahmen zur Strukturierung und Messung der Wertschöpfung im öffentlichen Sektor dar:

- Auf der Ebene der Effektivität geht es um die Abstimmung zwischen Politik und Verwaltung durch Ziele. Effektivität ist das Verhältnis geplanter Ziele zum tatsächlich realisierten Zielerreichungsgrad und damit der Wirkung des Verwaltungshandelns (Outcome).
- Auf der Ebene der Effizienz sind die Ziele vorgegeben und geeignete Maßnahmen in Form von Input und Output (Produkten) werden festgelegt.
- Auf der Ebene der Kosteneffizienz werden die Ist-Kosten zu den minimalen Kosten ins Verhältnis gesetzt.

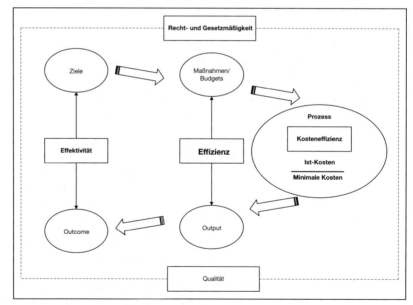

Abb. 22: 3-E-Konzept (vgl. Krems, B.: Online-Verwaltungslexikon, Stichwort: Effektivität, Effizienz)

Das 3-E-Konzept enthält Vereinfachungen, die problematisch sind. Es wird ein Ableitungszusammenhang hergestellt zwischen:

- den politischen Zielen
- dem Budget/den Kosten als Input
- dem Prozess der Leistungserstellung
- den Leistungen als Ergebnis des Prozesses
- den Wirkungen

(vgl. Krems, B.: Online-Verwaltungslexikon, Stichwort: Effektivität, Effizienz)

3.1.2.7.2 5-E-Konzept

Das 5-E-Konzept von Ernst Buschor ist eine Erweiterung des 3-E-Konzepts. Zur Erfüllung der öffentlichen Aufgabe müssen zunächst fünf Fragen beantwortet werden:

- Wer tut etwas?
- Wozu tut er das?
- Was leistet er, um das „Wozu" zu erreichen?
- Wie setzt er die Ressourcen ein?
- Wie viele Mittel werden ihm zur Verfügung gestellt?

Abb. 23: 5-E-Konzept (vgl. Krems, B.: Online-Verwaltungslexikon, Stichwort: Effektivität, Effizienz)

Auf diese Weise lässt sich auf den einzelnen Ebenen jeweils der Vergleich ziehen, der im Rahmen der Rechnungs- und Geschäftsberichte enthalten sein soll. Dem **5-E-Konzept** fehlt eine Kennzeichnung für das Verhältnis von Wirksamkeit und Kosten, „cost-effectiveness" bzw. Kosten-Wirksamkeit (vgl. Krems, B.: Online-Verwaltungslexikon, Stichwort: Effektivität, Effizienz).

3.1.2.8 Systemmodell im Public Management

Effektivität und Effizienz sind Grundbegriffe im Neuen Steuerungsmodell (NSM). Im Systembild betrifft Effektivität Outcome und drückt aus, in welchem Maße die erbrachten Leistungen (Output) Wirkungen erzielen. Effizienz betrifft das Verhältnis zwischen der Leistung (Output) und den dafür verbrauchten Ressourcen (Input), ist also eine Input-Output-Relation (vgl. Krems, B.: Online-Verwaltungslexikon, Stichwort: Systemmodell).

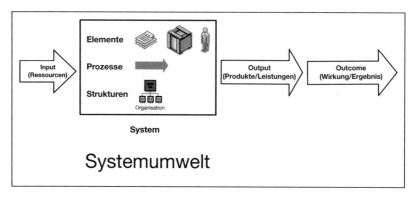

Abb. 24: Systemmodell im Public Management (vgl. Krems, B.: Online-Verwaltungslexikon, Stichwort: Systemmodell)

Das Systemmodell im Public Management ist sinnvoll, um komplexe Erscheinungen (Gruppen, Betriebe, Behörden, Verbände, Parlamente, die Gesellschaft) besser verstehen, gestalten und steuern zu können. Es gibt eine Basis für das Verständnis seiner Teilbereiche. Jedoch ist nur indirekt der Transformationsprozess sichtbar (Throughput) und die Einwirkung beim Betroffenen (Impact) fehlt ganz.

3.1.2.9 Modell der Kommunalen Gemeinschaftsstelle für Verwaltungsmanagement

Die **KGSt-Zielfelder/KGSt-Leitfragen** (vgl. KGSt: Produkte auf dem Prüfstand, S. 45) sind ein von der Kommunalen Gemeinschaftsstelle für Verwaltungsmanagement (KGSt) entwickeltes Instrument, das dem administrativen und politischen Leitungsorgan dabei helfen soll, ein umfassendes strategisches Gesamtzielkonzept zu entwickeln und umzusetzen.

Die **vier KGSt-Zielfelder/vier KGSt-Leitfragen**

- Ergebnisse & Wirkungen,
- Programme & Produkte,

- Prozesse & Strukturen und
- Ressourcen (Finanz-, Vermögens-, Personal- und Informationsressourcen)

lassen sich als Regelkreis charakterisieren, der im Rahmen des Prozesses der Erstellung eines in sich konsistenten Gesamtzielkonzepts durchlaufen werden sollte.

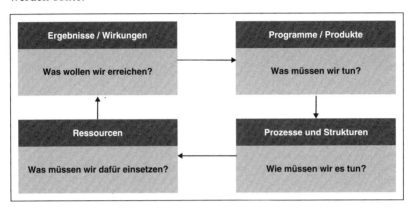

Abb. 25: Leitfragen/Zielfelder nach KGSt (vgl. KGSt: Produkte auf dem Prüfstand, S. 45)

Der Regelkreis der **KGSt-Zielfelder** lässt sich im Einzelnen mit **Leitfragen** beschreiben:

1. Im **ersten Zielfeld** „Outcome" werden die „**Ergebnisse & Wirkungen**" betrachtet, die durch das Verwaltungshandeln erzielt werden sollen. Die zentrale Frage ist: Was wollen wir erreichen?
2. Im **zweiten Zielfeld** „Output", d. h. „**Programme & Produkte**", wird konkretisiert, was getan werden muss, um die anvisierten Ergebnis- und Wirkungsziele zu erreichen. Hier wird die Frage gestellt, welche Produkte die Verwaltung erstellen sollte, um die gewünschten Wirkungen zu erzielen?
3. Als **drittes Zielfeld** „**Throughput**" folgen die „**Prozesse & Strukturen**". Hier geht es um die Frage, wie die Verwaltungsprozesse und -strukturen optimal gestaltet werden können, um die angestrebten Programm- und Produktziele möglichst effizient und effektiv zu realisieren.
4. Im **vierten Zielfeld** „Input", d. h. „**Ressourcen**" (**Finanz-, Vermögens-, Personal- und Informationsressourcen**), wird die Frage aufgeworfen, welche Ressourcen eingesetzt werden müssten, um die in den vorherigen drei Zielfeldern definierten Ziele zu realisieren. Da aber die Ressourcen einer Kommune i. d. R. begrenzt sind, gilt es an dieser Stelle

auch zu hinterfragen, ob das gewünschte Zielausmaß mit den zur Verfügung stehenden Ressourcen überhaupt zu erreichen ist.

Vor dem Hintergrund der Ressourcenrestriktionen müssen die Ziele im ersten Zielfeld hinterfragt und entsprechend den zur Verfügung stehenden Ressourcen angepasst werden. Damit startet der **Regelkreis** von Neuem. Ergebnis des Prozesses ist ein **Gesamtzielkonzept** aus strategischen Zielen, das alle vier Zielfelder vollständig und sachgerecht abdeckt. Die **strategischen Ziele** sind im weiteren Verlauf der Zielplanung in Form von **operativen Zielen** zu konkretisieren. Dabei müssen die operativen Ziele, soweit möglich, ebenfalls der oben beschriebenen Systematik der vier KGSt-Zielfelder folgen (vgl. HaushaltsSteuerung – Portal zur öffentlichen Haushalts- und Finanzwirtschaft, Stichwort KGSt-Zielfelder).

Nachteilig ist, dass in dieser Systematik das Zielfeld „**Impact**", d. h. die Einwirkung beim Betroffenen, nicht explizit dargestellt wird, sondern dieses fünfte Zielfeld „Impact" im Regelkreis fehlt.

3.2 Ziele

3.2.1 SMART-Regel

Um sowohl in der Privatwirtschaft als auch in der öffentlichen Verwaltung rational handeln zu können, ist es erforderlich Ziele zu setzen. Diese Ziele sind stets zukunftsorientiert und definieren erwünschte Zustände und Situationen, die durch menschliches Handeln erreicht werden sollen. Mit der Zieldefinition gehen allerdings häufig auch **Probleme** einher, sofern bestehende Zustände oder Entwicklungen nicht gewollt oder gar inakzeptabel sind. Als Problem können beispielsweise die vielen unbesetzten Ausbildungsstellen gesehen werden. Die Politik setzt daher das Ziel, die unbefriedigende Lage am Lehrstellenmarkt zu verbessern oder sogar zu beseitigen. Für die Festsetzung von Zielen bedeutet dies einerseits, dass sich aus Problemen Ziele ergeben können, andererseits besteht jedoch die Gefahr, dass Probleme eine Kapitulation und somit keine Verbesserung bewirken.

Ziele müssen daher, aufgrund ihrer richtungsweisenden Funktion, präzise und lückenlos formuliert werden und die Bewertung von menschlichem Handeln ermöglichen, in deren Rahmen die **Zielgröße** und **Zielbeschreibung** festgelegt wird (vgl. auch Wolff, R.: Betriebswirtschaftslehre, S. 60 f.).

Ein Ziel sollte immer nach der SMART-Regel formuliert werden, wobei die einzelnen Buchstaben folgende Bedeutung haben:

- S – Spezifisch, d. h. das Ziel muss genau formuliert sein und diejenigen, die das Ziel erreichen sollen, müssen wissen und verstanden haben, was damit gemeint ist.

- M – Messbar, d. h. es muss nachprüfbar sein, ob das Ziel erreicht wurde und in welchem Ausmaß es realisiert wurde.
- A – Auffordernd, d. h. festgelegte Ziele dürfen nicht automatisch eintreten.
- R – Realistisch, d. h. die festgelegten Ziele dürfen nicht von vornherein unrealisierbar sein.
- T – Terminiert, d. h. der Grad der Zielerreichung soll zu einem zu Beginn festgelegten Zeitpunkt überprüft werden.

3.2.2 Zielgrößen

Die **Zielgrößen** bestimmen die Merkmale, die durch systematische Handlungen oder Maßnahmen planmäßig verändert werden sollen. Die Festlegung bestimmter Zielgrößen kann politisch, sozial oder wirtschaftlich motiviert sein (Umweltauflagen, Gewinnerzielung, Umsatzsteigerung, Kostenminimierung, Kinderbetreuung etc.). Um eine Überprüfbarkeit der Zielerreichung gewährleisten zu können, ist eine möglichst **operationale Zielformulierung** entscheidend. Gemessen werden die Ziele entweder in **kardinaler** oder **ordinaler** Form.

Bei einer **ordinalen Messung** spielt die Differenz der Messwerte keine Rolle, denn die Werte werden lediglich der Größe nach in eine Rangordnung (= Ordinalskala) gebracht (z. B. Schulnoten, Diensträge). Der Maßstab muss zuvor nach bestimmten Kriterien festgelegt werden; die Bewertung erfolgt immer nur nach einem Vergleich, d. h. qualitativ. Das heißt beispielsweise, es ist nur möglich, dass Alternative A qualitativ besser ist als Alternative B, aber nicht, dass sie quantitativ x-mal so gut ist wie Alternative B. Das bedeutet, wenn ein Student die Note 1 erhalten hat (mit max. 100 % der Punkte), ist er nicht viermal (quantitativ) besser als der Student, der die Note 4 bekommen hat (mit max. 50 % der Punkte). Oder die Studentin, die mit 15 Notenpunkten (= max. 100 %) bewertet wurde, ist nicht dreimal besser als die Studentin, die mit 05 Notenpunkten (= max. 50 %) bewertet wurde.

Eine **kardinale Messung** ist hingegen eine quantitative Messung, denn die Werte werden auch ebenfalls in eine Rangfolge gebracht, bei der jedoch der Abstand entscheidend ist. Voraussetzung dafür ist, dass die gemessenen Sachverhalte quantitativ, z. B. in Euro oder Stückzahlen, ausgedrückt werden können und eindeutig zählbar, messbar oder errechenbar sind.

Die **Zielbeschreibung** gibt Auskunft über das Ausmaß und den Zeitraum der Veränderung des Werts der relevanten Zielgröße. Je nach Grad der Veränderung der Umstände und Verhältnisse wird zwischen **Ideal- und Realzielen** unterschieden:

- **Idealziele** erfordern eine Optimierung der Zielgröße mit dem Bestreben, einen Extremwert zu erreichen, beispielsweise die Gewinn-, Rendite-, Umsatzmaximierung bzw. Kostenminimierung und Kohlendioxidausstoßminimierung bzw. gar das Erreichen von Vollbeschäftigung auf dem Arbeitsmarkt.

- **Realziele** werden hingegen auf das Erreichen eines vorgegebenen und machbaren Werts ausgerichtet. Statt einer Gewinnmaximierung wird z. B. lediglich die Erhöhung des Gewinns um einen bestimmten Prozentsatz, bezogen auf einen Vergleichswert, angestrebt oder es wird die Schaffung einer bestimmten Zahl von neuen Wohnungen oder die Besucherzahl des Schwimmbads vorgegeben.

Zusammenfassend lässt sich festhalten, dass Ziele erwünschte Zustände bzw. Situationen darstellen, die in der Zukunft zur Beseitigung bzw. Vermeidung von Problemen anzustreben sind. Es sind eindeutige und vollständige Zielformulierungen notwendig. Die Beschreibung der Zielgrößen kann erfolgen durch:

- **ökonomische, ökologische, gesellschaftliche Größen**
- **kardinale oder ordinale Messungen**

(vgl. Gornas, J. und Beyer, W.: Betriebswirtschaft in der öffentlichen Verwaltung, S. 26)

Die Zielbeschreibung definiert das Ausmaß der Zielerreichung, beispielsweise Idealziele versus Realziele, und den **Zeitraum der Zielerreichung**.

3.2.3 Handlungsziele

Je nach Wirksamkeit ihres Aufgabenzusammenhangs können den Handlungszielen zwei Bereiche untergeordnet werden, wie hier durch die Begrifflichkeiten Leistungs- und Erfolgsziele veranschaulicht.

Erfolgsziele sind aufgabenunabhängig bzw. aufgabenübergreifend und lassen sich daher nicht direkt auf einzelne öffentlichen Aufgaben/Aufgabengruppen zurückführen.

Die administrativen Erfolgsziele sind auf die Verwaltungstätigkeit in ihrer Gesamtheit ausgerichtet und werden in erster Linie aus den ökonomischen Rahmenbedingungen des Verwaltungshandelns bestimmt.

Hierzu folgende Beispiele administrativer Erfolgsziele:

- Vermeidung oder Reduzierung der kurzfristigen Kassenkredite zur Begrenzung der Zinskosten
- Einschränkungen bezüglich der Neuverschuldung
- Einhaltung der Schuldenbremse
- Steigerung der laufenden Erträge
- Anhebung des Kostendeckungsgrads
- Verringerung der Verwaltungskosten
- Förderung und Intensivierung der Bürgernähe und der Bürgerfreundlichkeit

- Motivation des Personals
- Einführung von E-Government sowie von Smart City etc.

Mit Hilfe der politischen Erfolgsziele legt die Politik fest, in welchen Größen sie den Erfolg ihres Handelns auch vor dem Hintergrund ihres persönlichen Interesses messen will.

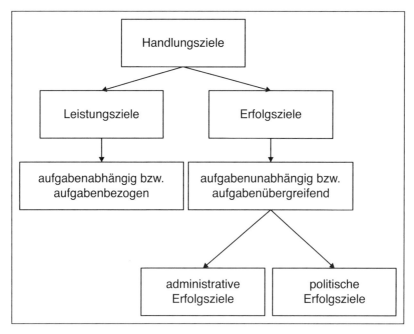

Abb. 26: Arten von Handlungszielen (vgl. Gornas, J. und Beyer, W.: Betriebswirtschaft in der öffentlichen Verwaltung, S. 32)

Hierzu folgende Beispiele für politische Erfolgsziele:

- Erhöhung der eigenen Wiederwahl bei Direktwahl
- Zuwachs an Wählerstimmen für die eigene Partei
- Vertrauensgewinn für die eigene Partei
- Erhöhung des parteiinternen Einflusses
- Ausweitung der Möglichkeiten des Eingriffs auf die Verwaltung
- Verstärkung der Kontrolle der Verwaltung

Die **Leistungsziele** stehen in direktem Zusammenhang zu einzelnen öffentlichen Produkten oder Produktgruppen, aus denen sie unmittelbar hergeleitet werden.

Die Zielbeziehungen haben sowohl für Leistungsziele als auch für administrative und politische Erfolgsziele ihre Gültigkeit, sodass hinsichtlich der Erfolgsziele etwa die folgende Konkurrenzsituation eintreten kann:

Ein erhöhter Kostendeckungsgrad bei gebührenpflichtigen öffentlichen Einrichtungen kann politischen Vorstellungen entgegenwirken, wenn die Annahme besteht, dadurch Wähler zu verlieren.

Eine andere Konkurrenzsituation kann zwischen dem Leistungsziel „Verkürzung der Wartezeiten des Bürgers im Bürgerbüro" und dem Erfolgsziel „Senkung der Verwaltungskosten" entstehen. Sofern dies zutrifft, ist eine Entscheidung über Zielprioritäten angebracht.

Nummer/Produkte	Ziele
271 Volkshochschulen	Ermöglichung des Nachholens von Schulabschlüssen oder von qualifizierten ERP-Abschlüssen
411 Krankenhäuser	Verkürzung der Verweildauer
537 Abfallwirtschaft	Erhöhung der Entsorgungssicherheit
538 Abwasserbeseitigung	Minimierung von Lecks in den Abwasserkanälen
547 ÖPNV	Erhöhung der Taktfrequenz
575 Tourismus	Verkürzung der Wartezeiten der Touristen in der Touristeninformation
571 Wirtschaftsförderung	Intensivierung der Gewerbeansiedlung

Abb. 27: Produkte und Ziele

Ein großer Teil dieser Zielformulierungen erfüllt nicht die Anforderungen, die im Abschnitt 2.2 erläutert werden, da sie teilweise zu ungenau sind. Daher müssten daraus im Rahmen weiterer Arbeitsschritte erneut Ziele herausgearbeitet werden, die den Anforderungen der Exaktheit und Vollständigkeit bezüglich der Zielgröße und Zielbeschreibung gerecht werden.

Auf der einen Seite können Produktbereiche, Produktgruppen oder Produkte sehr ungenau mit weitgefassten **Erfüllungsspielräumen** für die Exekutive definiert sein, auf der anderen Seite gibt es solche, die bis in alle **Einzelheiten der Erfüllungsverfahren** determiniert sind. Daraus ergeben sich zwangsläufig Konsequenzen für die Handlungsspielräume sowohl des politischen Leitungsorgans (der Vertretung) als auch des administrativen Leitungsorgans (des Hauptverwaltungsbeamten), selbstständig und eigenverantwortlich Leistungsziele zu formulieren. Je sorgfältiger und detaillierter die Tätigkeiten zur Aufgabenerfüllung inhaltlich festgelegt sind, desto kleiner ist der Handlungsspielraum für Zielbildungsprozesse.

Die Entscheidungen über die jeweiligen Ziele wurden in solchen Fällen bereits im Ressort der Legislative getroffen. Charakteristische Beispiele kommunaler Aufgaben in derartigen Entscheidungssituationen kommen beispielsweise im Bereich des Sozialen, des Einwohner- und Meldewesens sowie von Personenstandsangelegenheiten vor. In diesen Fachgebieten werden die Art und Weise der Aufgabenerfüllung im Detail durch Gesetze, Rechtsverordnungen und Verwaltungsvorschriften festgelegt (z. B. Meldegesetz und Personenstandsgesetz, Wohnungsbaugesetze, Verordnung über die Zulassung von Fahrzeugen zum Straßenverkehr), sodass die Verwaltung nur für den eigentlichen **Vollzug** der vorgesehenen Tätigkeiten zuständig ist.

Dennoch ist es notwendig, sich nicht nur auf die gesetzeskonforme Aufgabenerfüllung zu konzentrieren, sondern auch auf eine kritische Auseinandersetzung mit der vorgegebenen Art der Wahrnehmung im Hinblick auf **Problemlagen** wertzulegen und daraus möglicherweise resultierende Konsequenzen für Leistungsziele zu ziehen (vgl. Gornas, J. und Beyer, W.: Betriebswirtschaft in der öffentlichen Verwaltung, S. 32 ff.).

3.2.4 Zielbeziehungen

3.2.4.1 Grundlagen

Falls mehrere Zielsetzungen gleichzeitig realisiert werden sollen, kann dies verschiedene Auswirkungen haben, sei es, dass sich die Ziele im besten Fall gegenseitig fördern oder sich aber zumindest unabhängig, neutral zueinander verhalten oder sei es, dass sie im schlechtesten Fall gar miteinander konkurrieren.

Folgende Zielbeziehungen können sich ergeben:

- **Komplementarität** bedeutet, dass die Verwirklichung eines Ziels A zugleich die Umsetzung eines Ziels B unterstützt, sodass das Ausmaß der Zielerreichung sowohl bei A als auch bei B ohne zusätzlichen Aufwand gesteigert wird.
- **Indifferenz** hat zur Folge, dass die Verwirklichung eines Ziels A auf die Umsetzung eines Ziels B weder einen positiven noch negativen Einfluss hat, sodass das Ausmaß der Zielerreichung von A unabhängig von der Veränderung der Zielerreichung von B ist.
- **Konkurrenz** hat die Konsequenz, dass die Verwirklichung eines Ziels A die Umsetzung eines Ziels B hemmt oder gar verhindert, sodass die Erhöhung des Ausmaßes der Zielerreichung von A bei B eine Reduktion hinsichtlich der Zielerreichung verursacht.

Kompatible Zielbeziehungen bestehen, sofern die einzelnen gesetzten Ziele nicht miteinander konkurrieren, sondern sich komplementär und/ oder indifferent zueinander verhalten.

Die Wirkungen auf den Zustand bzw. die Situation einer bestimmten Zielgröße sind bedingt durch die eingeleiteten Handlungen und Aktionen. In Abhängigkeit davon werden auch die möglichen Zielbeziehungen differenziert. Aus diesem Grund können Aussagen über die verschiedenen Zielbeziehungen nur spezifisch, d. h. an die Handlungen und Aktionen gebunden, getroffen werden, aber nicht pauschal.

Erst im **konkreten Fall** können die Arten der Zielbeziehungen genauer bestimmt werden. Entscheidend hierfür sind die Inhalte der Handlungen und Aktionen, die zur Zielerreichung eingeleitet werden sollen.

Im Allgemeinen darf beispielsweise **nicht** gesagt werden, die Förderung der wirtschaftlichen Entwicklung einer Region und die Minimierung der Haushaltsausgaben seien prinzipiell konkurrierende Ziele. Maßgeblich hierfür sind vielmehr die Inhalte der entsprechenden Handlungen und Aktionen, d. h. welche begleitende Maßnahme ggf. in die Wege geleitet werden muss, um wenigstens indifferente Zielbeziehungen garantieren zu können (vgl. Gornas, J. und Beyer, W.: Betriebswirtschaft in der öffentlichen Verwaltung, S. 27).

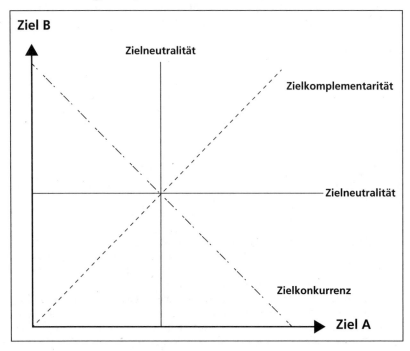

Abb. 28: Zielbeziehungen (eigene Abb. 2018)

3.2.4.2 Systemorientierung

Zielbeziehungen lassen sich auch unter systemorientierten Kriterien beschreiben. Die Grundlage der Problemanalyse bestimmter Zielbeziehungen beruht auf der allgemeinen **Systemtheorie**, in deren Rahmen die Betrachtung der Dynamik der betriebswirtschaftlichen Organisationssysteme in den Mittelpunkt rückt. Nach der Systemtheorie werden Systeme als geordnete Gesamtheit von Komponenten beschrieben, die alle eine Beziehung zueinander haben (vgl. Goldbach, A., Grommas, D. und Barthel, T.: Entscheidungslehre, S. 27 ff.).

Diese Sichtweise ermöglicht es, die Zielgrößen selbst, samt ihrer gemäß Zielbeschreibung zu verändernden Werte, als Bestandteile umfangreicher sozioökonomischer Systeme zu betrachten. Diese Systeme beinhalten wiederum neben diesen Bestandteilen weitere Größen unterschiedlichen Ursprungs. Interessant ist, dass die einzelnen Bestandteile innerhalb dieser Systeme in einer Beziehung zueinanderstehen. Die Beziehungen ergeben sich durch die gegenseitige Einflussnahme, was so viel bedeutet, als dass die Veränderung eines Zustands der einen Größe eine Zustandsveränderung bei einer anderen Größe verursacht.

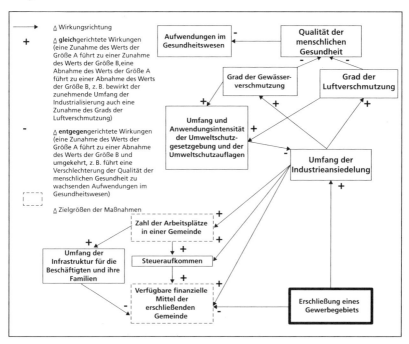

Abb. 29: Relevantes System für die Maßnahme „Erschließung eines Gewerbegebiets" (vgl. Gornas, J. und Beyer, W.: Betriebswirtschaft in der öffentlichen Verwaltung, S. 29)

Es können allerdings auch, zusätzlich zu den Auswirkungen auf die Zielgrößen, die sich aus den Aktivitäten der Maßnahmen ergeben und sich in den verschiedenen Arten von Zielbeziehungen zeigen, Wirkungsbeziehungen zwischen den Zielgrößen und den unterschiedlichen Komponenten des jeweiligen Systems auftreten. In der obigen Abb. wird gezeigt, welche Elemente durch die **Aktion „Erschließung eines Gewerbegebiets"** beeinflusst werden und welche Wirkungsbeziehungen dadurch zwischen den Elementen vorhanden sind. Die kardinal messbaren Zielgrößen, deren

Werte durch die Erschließungsmaßnahme gesteigert werden sollen, werden von den Elementen Arbeitsplätze und finanzielle Mittel der Kommune repräsentiert. Da diese Zielgrößen über den Prozess der Wirkungsbeziehungen im Zeitraum keine Informationen umfassen, ist es keine dynamische sondern eine **statische Darstellung**.

Die Verflechtungen innerhalb eines Systems sind so umfangreich und komplex, dass weder die Gesamtheit der Wirkungsbeziehungen zwischen den einzelnen Elementen noch die direkten Einwirkungen der Erschließungsmaßnahme auf einzelne Elemente aufgezeigt werden können. Die Abb. eines vollkommenen Systems ist daher in diesem Fall nicht gegeben. Außerdem beruhen die dargestellten Wirkungsbeziehungen auf vereinfachten Annahmen, denn beispielsweise wirken sich die jeweiligen Industrieansiedlungen auf die Zahl der Arbeitsplätze und die Erhöhung des Steueraufkommens aus bzw. wird die daraus resultierende Zunahme der finanziellen Mittel der Kommune entscheidend beeinflusst vom Wohnort der Beschäftigten.

Die Wirkungsbeziehungen zwischen den Bestandteilen des Systems treten, wie aus vorhergehender Abb. ersichtlich, in zwei Formen auf: als **gleich-gerichtete/analog-gerichtete** oder **als entgegen-gerichtete/konträr-gerichtete** Wirkungen. In Anlehnung an die behandelten Zielbeziehungen, die sich aus den Auswirkungen der Maßnahmen ergeben, können diese entsprechend auf die Wirkungsbeziehungen zwischen den Zielgrößen bzw. den einzelnen Elementen des Systems übertragen werden. Eine **gleich-gerichtete/analog-gerichtete** Wirkung bewirkt demzufolge eine **Komplementarität**, eine **entgegen-gerichtete/konträr-gerichtete Wirkung** verursacht eine **Konkurrenzsituation**. Sofern zwischen Systemgrößen keinerlei Verflechtungen existieren, ist von einer **Indifferenz** die Rede.

Der oben dargestellte systemorientierte Ansatz, die Gesamtheit der Zielgrößen als interdisziplinär und nicht jede für sich und isoliert zu betrachten, verhilft bei einer ausreichend strukturierten und methodischen Herangehensweise zu wertvollen Erkenntnissen. Es können beispielsweise Rückschlüsse über die Verfahrensweisen und Merkmale von sozioökonomischen Systemen, wie etwa der Gemarkung der Gebietskörperschaft, eines Wirtschaftsraums oder dem öffentlichen Verwaltungsapparat gezogen werden. Ziel dieses Ansatzes ist es, **Rückkopplungen** in den Wirkungsketten der Systeme sichtbar zu machen.

Rückkopplung ist ein wichtiges Merkmal der **Kybernetik**, einer wissenschaftlichen Forschungsrichtung, die Systeme verschiedenster Art (z. B. technischer, wirtschaftlicher, soziologischer oder biologischer Systeme) auf selbsttätige Regelungs- und Steuerungsmechanismen hin untersucht. Wenn die Einflüsse, die von einem bestimmten Element der Wirkungskette ausgehen, über andere zur Wirkungskette gehörende Elemente auf das ursprüngliche Element zurückwirken, ist von **Rückkopplungseffekten** die Rede. Die Wirkungskette gleicht somit einem geschlossenen Kreislauf.

Differenziert werden zwischen zwei Arten von Rückkopplungen zum einen die positive und zum anderen die negative Rückkopplung (vgl. Forrester, J. W.: Systemtheorie, S. 19 ff.).

Positive Rückkopplung liegt vor, wenn selbstverstärkende/selbstschwächende Eigenschaften eines Elements aus der Wirkungskette ebenfalls eine Zunahme/Abnahme der beteiligten übrigen Elemente hervorrufen, sodass Wirkung und Rückwirkung sich schließlich kontinuierlich gegenseitig verstärken.

In der nachfolgenden Abb. ist ein solcher vereinfachter **Regelkreis** mit positiver Rückkopplung dargestellt.

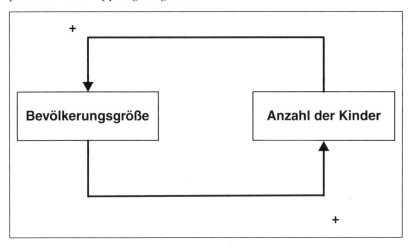

Abb. 30: Regelkreis mit positiver Rückkopplung (vgl. Gornas, J. und Beyer, W.: Betriebswirtschaft in der öffentlichen Verwaltung, S. 30)

Eine steigende Anzahl der Kinder in einem Entwicklungsland hat unter sonst gleichen Bedingungen eine Steigerung der Bevölkerungsgröße zur Folge, was wiederum eine zunehmende Anzahl von Kindern bewirkt. Wenn das Bevölkerungswachstum größer als das Wirtschaftswachstum ist, sinkt das Bruttoinlandprodukt pro Kopf und es wird ohne Hilfe von außen zu Hungersnöten und zu einem Bevölkerungsrückgang kommen. Sofern keine Grenzwerte erreicht werden, können derartige Wirkungskreisläufe nicht dauerhaft stabil sein. Diese Kreisläufe werden auch „Teufelskreise" genannt und sind instabile Systeme.

Bei der **negativen Rückkopplung** verursacht die Zunahme/Abnahme des Werts eines Elements bei dem einen oder anderen zwischengeschalteten Element eine entgegengesetzte Wirkung mit der Folge, dass die Zunahme/Abnahme des Werts verhindert oder diese Veränderung zumindest gehemmt wird. Das bedeutet, dass Wirkung und Rückwirkung entgegengesetzt verlaufen und eine gegenseitige Kontrollfunktion besitzen.

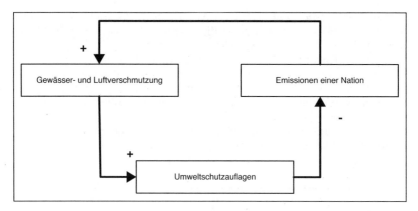

Abb. 31: Regelkreis mit negativer Rückkopplung (vgl. Gornas, J. und Beyer, W.: Betriebswirtschaft in der öffentlichen Verwaltung, S. 30)

Zunehmende Emissionen einer Nation unter sonst gleichen Bedingungen verursachen demzufolge eine höhere Gewässer- und Luftverschmutzung, welche wiederum wachsende Umweltschutzauflagen bewirken. Wachsende Umweltschutzauflagen bedeuten erfahrungsgemäß weniger Emissionen in einem Land. Dies erfolgt zum einen durch Standortverlagerungen ins Ausland oder zum anderen durch den Einbau von Reinigungsanlagen für Abluft oder den Bau von speziellen Kläranlagen für Abwasser.

Ein weiteres und aktuelles Beispiel ist der Bau von Windkraftanlagen. Die Geräuschs- und Schattenwurfemissionen nehmen zu, die Folge sind mehr Bürgerproteste und eine verschärfte Genehmigung sowie ein Ersatz von alten Windkraftanlagen durch emissionsärmere Anlagen und ein zusätzlicher Bau von neuen Windkraftanlagenparks auf dem offenen Meer.

Durch ihre Selbstregulierung sind Systeme mit **negativen Rückkopplungen** i. d. R. beständig und von sich allein heraus lebensfähig, d. h. es handelt sich um stabile Systeme.

Die Untersuchung von Zielbeziehungen nach systemtheoretischen Ansätzen erfordert eine Gesamtbetrachtung ausgehend von Entscheidungsfindungsprozessen in Politik und Verwaltung. Es ist häufig der Fall, dass die Verwaltungen untereinander, aufgrund eines eindimensionalen Denkens, wenig kooperativ sind. Lineare Denkweise und Insel-Mentalität sind vorhanden.

Gemäß den eigenen Zielvorstellungen werden Maßnahmen als Mittel zur Zielerreichung festgelegt. Bei dieser **eindimensionalen Beziehung** zwischen **Ziel** und **Mittel** stehen die Ziele separat nebeneinander, ungeachtet der Tatsache, dass die eingeleiteten Maßnahmen auf Systeme einwirken, in denen die Zielgrößen einzelne Elemente darstellen, die jedoch mit weiteren Elementen des Gesamtsystems verbunden sind. Dadurch werden die Wirkungsbeziehungen zwischen den unterschiedlichen Zielen nicht eindeutig sichtbar gemacht. Eine Ausdehnung dieses eindimensionalen Ziel-Maßnahme-Denkens hin zu einem **System-Maßnahme-Denken** auf der Grundlage der systemtheoretischen Kybernetik ist daher angebracht. Im Rahmen der Systemtheorie geht es nicht darum, bestimmte oder einzelne Zielgrößen zu minimieren oder zu maximieren, sondern das System als Ganzes zu optimieren.

Bedingt durch die Betrachtung der Ziel-Maßnahme als linearem und unvernetztem Vorgang eckt dieses Systemdenken oder diese Systembetrachtung häufig an das klassische **Ressortdenken oder die Insel-Mentalität** an. Erst wenn sich die politischen und administrativen Leitungsgremien dahingehend öffnen, Problemfelder systemisch als vernetzte Wirkungskomplexe zu betrachten, ist es möglich, Probleme in ihrem Ansatz und ihrer Breite zu erkennen und dementsprechend zu reagieren und zu lösen.

Der Zielbildungsprozess ist in erster Linie auf die Festlegung von Handlungszielen ausgerichtet. Aber die zugrunde liegenden Ausgangssituationen können dementsprechend variieren und somit entweder eine Einzelzielbildung oder eine Gesamtzielbildung fokussieren:

- Aus den Handlungszielen werden **Einzelziele**, ohne die Absicht, diese in einen größeren Zusammenhang setzen zu wollen. Dies betrifft hauptsächlich die Bildung und Darstellung von Zielen, die sich aus einer gegenwärtigen Situation bzw. Problemlage ergeben. Dies können z. B. Katastrophenfälle, Naturkatastrophen, Terrorgefahr und -anschläge, Schuldenkrise oder auch Flüchtlingsströme sein. Diese Bestrebungen sind nicht als langfristige Vorhaben oder Entwicklungen vorgesehen, sondern haben vielmehr einen kurzfristigen Charakter. Die Zielkoordination und die damit verbundene explizite Offenlegung von Zielbeziehungen sind dabei weniger bedeutsam.

Aus diesem Grund kommen für die Bildung von Einzelzielen diejenigen Produkte oder Aufgaben der Verwaltung in Frage, die bisher nicht **durch die Gesamtzielbildung** erfasst worden sind.

Hierzu ein Beispiel:

Bei der Gesamtzielbildung der Kommune wurde die Öffentlichkeitsarbeit unberücksichtigt gelassen. Dadurch, dass sie den Zuschlag erhalten hat, den „Tag der Niedersachsen" zu veranstalten, ist es erforderlich, für dieses Ereignis Einzelziele zu bilden.

Die Einzelzielbildung erfordert, die Vorhaben und Pläne in Zusammenhang mit der Gestaltung der Festivität festzulegen. Als **Einzelziele** kommen u. a. in Frage:

- Maßnahmen zur Förderung eines positiven Images der Kommune
- Unterstützung des Zusammengehörigkeitsgefühls der Bürger
- Steigerung der Identität als „Niedersachse"
- Gewährleistung der öffentlichen Sicherheit während des Veranstaltungswochenendes

- Forcierung eines positiven Bilds der Kommunalverwaltung als Dienstleister
- Während die Einzelzielbildung einerseits sich nur auf Teilaspekte einer Aufgabe oder eines Produkts konzentriert bzw. eine ganz bestimmte Momentsituation fokussiert, stehen bei der **Gesamtzielbildung** andererseits die Aufgaben und Produkte sowie die politischen Ziele in ihren größeren Kausalzusammenhängen im Vordergrund. Die Zielbildungen beziehen sich nicht explizit auf bestimmte Teilaspekte, wie es beispielsweise bei den kommunalen **Grundsatzprogrammen** oder bei **Regierungserklärungen** auf der Bundes- oder Landesebene der Fall ist, sondern betreffen die Gesamtstruktur des Tätigkeitsfelds und somit die komplette Produktpalette oder den gesamten Tätigkeitsbereich eines öffentlich-rechtlichen Gebildes. Diese Zielarten besitzen **meist einen langfristigem Zeithorizont** und sollten aufeinander abgestimmt sein, d. h. auf **mögliche Zielbeziehungen** kritisch hinterfragt werden. Die Gesamtzielbildung steht daher mit allen Institutionen des jeweiligen Verwaltungsträgers in Zusammenhang.

Eine wichtige unterstützende Methode sowohl für die Bildung von Einzelzielen als auch von Gesamtzielen ist die Berücksichtigung von **Zielhierarchien**. Eine solche Rangordnung geht von einem oder mehreren bisher noch nicht konkret definierten Oberzielen aus, um eine Ausdifferenzierung von einer gegebenenfalls vorhanden mittleren Stufe zu erfahren, bis hin zur untersten Stufe, die schließlich eindeutig und vollständig formulierte Unterziele benennen kann.

Diese hierarchischen Zielbeziehungen zwischen den einzelnen Stufen stellen gewissermaßen ein **Ziel-Mittel-Verhältnis** dar. Die Ziele einer untergeordneten Stufe sind wiederum Instrumente zur Erreichung der Ziele auf der übergeordneten Stufe (vgl. Gornas, J. und Beyer, W.: Betriebswirtschaft in der öffentlichen Verwaltung, S. 28 ff.).

3.2.5 Zielbildung im politisch-administrativen System

Die öffentlichen Obliegenheiten bilden die Grundlage der Zielfindung. Es handelt sich dabei zunächst lediglich um eine detaillierte Beschreibung der unterschiedlichen Tätigkeitsbereiche öffentlicher Verwaltung gemäß des staatlichen **Funktionenplans, des kommunalen Aufgabengliederungsplans** bzw. **des kommunalen Produktplans** und sie stellen somit noch keine Ziele des öffentlichen Verwaltungshandelns dar. Sofern rationales Denken bezüglich des Verwaltungshandelns angestrebt wird, ist es nötig die Tätigkeitsfelder durch Handlungsziele zu konkretisieren.

Aus diesem Grund ist die **Bildung von Handlungszielen** von besonderer Bedeutung: Denn im Zusammenwirken mit bestimmten Führungskonzepten (wie beispielsweise der Führung durch Zielvereinbarung – management by objectives) wirken Handlungsziele auf Mitarbeiterebene einerseits motivierend, andererseits haben sie im öffentlichen Handeln eine richtungsweisende Funktion und sind darüber hinaus Mittel zur Beurteilung alternativer Handlungsmöglichkeiten sowie Messlatte der Effektivität des öffentlichen Handelns. Des Weiteren bilden Handlungsziele das Fundament für Aufgabenkritik, indem sie zur kritischen Hinterfragung der Notwendigkeit öffentlicher Aufgaben anregen. Bei der Zielbildung sollte die Frage „**Was soll im Großen und Ganzen im Rahmen der öffentlichen Aufgabe erreicht werden?**" unbedingt beachtet werden, um ggf. zu erkennen, welche Aufgaben letztendlich nur dem Selbstzweck dienen und welche eine sinnvolle Funktion erfüllen.

Die Bildung von Zielen kann zum einen der freien Wirtschaft und zum anderen auch **der politischer Rationalität** zweckdienlich sein, beispielsweise, wenn die Ziele als Mittel zur **politischen Öffentlichkeitsarbeit** zwecks **Machterwerbs** und **Machterhalts** politischer Gruppierungen genutzt werden. Ebenso können politisch motivierte Ziele ein Alibi sein, sofern die Politik diese zur Rechtfertigung ihrer Entscheidungen missbraucht.

Als Fazit kann gezogen werden, dass Beziehungen zwischen **öffentlichen Aufgaben und Zielen** sowie zwischen **Produkten** und **Zielen** existieren (vgl. Gornas, J. und Beyer, W.: Betriebswirtschaft in der öffentlichen Verwaltung, S. 31 ff.).

Teilnehmer am Zielbildungsprozess im kommunalen Bereich in einer Koalition sind:

- **Aus der kommunalen Gebietskörperschaft:**
  - Administratives Leitungsorgan (Hauptverwaltungsbeamter)
  - Politisches Leitungsorgan (Vertretung)
  - Middle und Lower Management in der Verwaltung
- **Aus der Umwelt der kommunalen Gebietskörperschaft:**
  - Bürger und Bürgerinitiativen
  - Vereine
  - Heimische Wirtschaft, örtliche und regionale Verbände
  - Staatliche Stellen in der Funktion als Aufsichtsbehörde

Zielbildung ist letztlich ein Kompromiss zwischen der Anreiz-Beitrags-Theorie, d. h. nach dem Äquivalenzprinzip von „Nehmen" und „Geben", sowie der Entscheidung in der autorisierten Kerngruppe, also zwischen Politik und Verwaltung.

Die **Anreiz-Beitrags-Theorie** verbindet die Anreize der einzelnen Entscheider:

- Zwischen den Beteiligten besteht ein System wechselseitiger sozialer Verhaltensweisen.
- Jeder Einzelne verbleibt solange in der Organisation, wie die angebotenen Anreize mindestens genau so groß wie die geforderten Beiträge sind.

- Die vom Einzelnen geleisteten Beiträge bilden die Quelle für neue Anreize zur Teilnahme des Einzelnen.
- Eine Organisation ist nur solange existenzfähig, wie die Beiträge in genügendem Maße ausreichen, dem Einzelnen Anreize zu bieten (vgl. Rahn, H.-J.: Unternehmensführung, S. 53).

Als Probleme der Kompromissbildung sind zu nennen:

- unterschiedliche Identifikation und Wahrnehmung von Problemlagen
- inoffizielle Ansprüche werden nachträglich entscheidungsrelevant
- keine eindeutigen, sondern nur vage Zielformulierungen
- fehlende Ressourcenkoordination
- keine Prioritätenbildung

3.2.6 Performance-Indikatoren

Die Messung der Zielrealisierung kann durch **Messgrößen**, englisch **Performance-Indicators**, erfolgen. Ziel ist es, die Informationen zu verdichten und sich dabei auf das Aussageziel zu konzentrieren, indem dafür irrelevante Details eliminiert werden. Eine Messgröße sollte **nie isoliert betrachtet** werden. Nur auf Grundlage mehrerer Messgrößen ist eine Ursache abzuleiten bzw. eine Entscheidung zu treffen.

Messgrößen haben einen spezifischen Erkenntniswert. Sie bilden konzentriert alle relevanten quantifizierbaren Sachverhalte für Planung, Steuerung sowie Kontrolle ab (vgl. Barthel, T. u. a.: Beteiligungscontrolling, S. 19 und Reichmann, T.: Kennzahlen, S. 343):

- Absolute (Grund-)Messgrößen bilden einen Zustand in Mengen- oder Währungseinheiten bzw. ohne Dimension (z. B. Bepunktungen).
- Relative Messgrößen dagegen sind Verhältniszahlen, die als Grad bzw. in Prozenten dargestellt werden. Verhältniszahlen sind z. B. Gliederungszahlen, bei denen einzelne Größen zur Gesamtheit in Beziehung gesetzt werden, und zwar
  - in Beziehungszahlen, die eine Zweck-Mittel-Relation verkörpern,
  - in Indexzahlen, welche zur Abbildung der zeitlichen Veränderung herangezogen werden sowie
  - in Richtzahlen, die Soll-Werte bzw. Standards vorgeben (vgl. Wöhe, G.: Bilanzierung und Bilanzpolitik, S. 812).
- Ein weiteres Differenzierungskriterium unterscheidet zwischen objektiven Messgrößen (Betriebsergebnis) und subjektiven Messgrößen (Ermittlung der Kundenzufriedenheit durch Umfrage) (vgl. Haiber, T.: Controlling in öffentlichen Unternehmen, S. 409).
- Eine Einteilung nach der Messbarkeit erfolgt bei der Unterteilung nach qualitativen und quantitativen Messgrößen. Qualitative Messgrößen sind im Gegensatz zu quantitativen Messgrößen nicht kardinal messbar.

- Die Unterscheidung nach der Art der Messung, ob diese direkt (unmittelbar) oder indirekt (mittelbar) erfolgt, ist ein weiteres Abgrenzungskriterium (vgl. Braun, G.: Betriebswirtschaftliche Kennzahlen und Indikatoren, S. 187).

Bei Messgrößen lassen sich die folgenden Begriffspaare nicht eindeutig voneinander abgrenzen:

- Es ist z. B. möglich, Quantität mit Objektivität bzw. Qualität als Bewertung mit Subjektivität gleichzusetzen.
- Außerdem werden i. d. R. quantitative Messgrößen direkt und qualitative indirekt ermittelt.

Zur Abgrenzung von Messgrößen lässt sich als Ergebnis konstatieren, dass sich in der Literatur eine Vielzahl von **Abgrenzungsversuchen** finden lassen.

Die durch die **Eindimensionalität** von Messgrößen eingeschränkte Aussagefähigkeit erfordert eine integrative Erfassung von Messgrößen innerhalb eines Messgrößensystems, um keine Mehrdeutigkeiten in der Einzelinterpretation zu erzeugen und Abhängigkeitsbeziehungen sowie die Mehrdimensionalität zu erfassen. „Messgrößenfriedhöfe", d. h. eine unüberschaubare, sehr hohe Anzahl von Messgrößen, sind vermeidbar, indem repräsentative Messgrößen nach Steuerungsgesichtspunkten entwickelt werden (vgl. Blume-Beyerle, W.: Neue Steuerungsmodell, S. 131).

Messgrößensysteme sind i. d. R. **pyramidenförmig** aufgebaut, wobei sich die oberste Spitzenmessgröße aus anderen zusammensetzt, die wiederum aus der Zusammenführung von Messgrößen mit niedrigerem Verdichtungsgrad gebildet werden. Das „Du-Pont-System of Financial Control" mit der Spitzenmessgröße ROI als Oberziel findet bei erwerbswirtschaftlichen Unternehmen Verwendung (vgl. Brigham, W. und Weston, J. Fred.: Managerial Finance, S. 35 ff.; Brigham, W. und Weston, J. Fred: Essentials of Managerial Finance, S. 60 ff.).

Das **Du-Pont-System of Financial Control** als Spitzenmessgrößensystem ist für den öffentlichen Sektor nicht ausreichend, weil es die Sachzieldominanz von öffentlicher Verwaltung nicht berücksichtigt, sodass die Entwicklung einer Messgrößensystematik mit mehreren gleichberechtigten Messgrößen als notwendig erscheint. Die Entwicklung eines universellen Messgrößensystems ist wegen der Heterogenität der öffentlichen Aufgaben in der Verwaltung und der damit verbundenen unterschiedlichen Leistungszielmessung schwer zu realisieren.

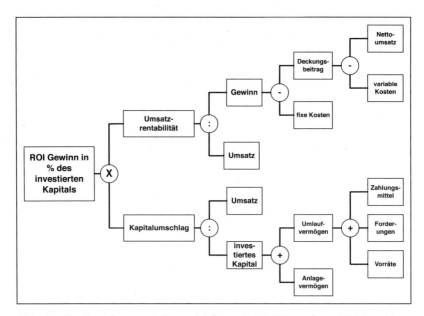

Abb. 32: Du-Pont-System of Financial Control (vgl. Wöhe, G. und Döring, U.: Einführung Betriebswirtschaftslehre, S. 203)

In der öffentlichen Verwaltung empfiehlt es sich, Messgrößen aus folgenden Perspektiven zu entwickeln (vgl. Barthel, T.: Strategische Beteiligungssteuerung im Konzern Kommune – Teil 2, S. 4 ff., Barthel, T.: Strategische Steuerung im Konzern Kommune (2), S. 6 ff. und Barthel, T.: Beteiligungscontrolling im öffentlichen Bereich, S. 218 ff.):

- Unter **Input** werden Potenzialfaktoren, d. h. Einsatzfaktoren oder auch Produktionsfaktoren, wie z. B. Kapital und Arbeit zusammengefasst. Mit anderen Worten stellt sich die Frage:
  - **Was muss eingesetzt werden?**
    Die öffentliche Verwaltung ist nach wie vor stark input-orientiert. Dies spiegelt sich zum einen durch Haushaltspläne, welche die Aufwendungen und Auszahlungen verbindlich festlegen, und zum anderen in Stellenplänen wieder, welche die Personalkapazität festschreiben.

- **Throughput** bezieht sich auf die Transformation, d. h. den Prozess der Umwandlung und des Einsatzes von Produktionsfaktoren mit dem Ziel der Schaffung eines Produkts bzw. einer Leistung. Hierbei interessiert besonders folgende Frage:
  - **Wie ist dies zu realisieren?**
    In der öffentlichen Verwaltung können z. B. Bearbeitungszeiten für Bauanträge, Wartezeiten bei der Kraftfahrzeug-Zulassung, Bear-

beitungszeiten von Verwaltungsakten im Widerspruchverfahren etc. als Throughput-Messgrößen erhoben werden.

- Die Einwirkung beim Betroffenen wird als **Impact** charakterisiert. Darunter ist zu verstehen, wie die Potenzial-, Prozess- und Ergebnisqualität auf den Betroffenen einwirkt und wie er diese Qualitäten empfindet. Hier lautet die Fragestellung:
  - **Welche Wirkung hat die öffentliche Leistung auf den Betroffenen?** In der öffentlichen Verwaltung kann z. B. die Bürgerzufriedenheit mit dem Personal der Verwaltung, mit den Bearbeitungsprozessen und mit den Leistungen der Verwaltung gemessen werden.
- **Output** bezeichnet im Allgemeinen das finanzielle Ergebnis von Unternehmens-/Verwaltungsaktivität. Folgende Frage steht im Mittelpunkt:
  - **Welche finanziellen Ziele sind zu realisieren?** Innerhalb der öffentlichen Verwaltung fallen unter den Begriff Output beispielsweise die zu veranschlagenden Aufwendungen bzw. Auszahlungen für die Produktherstellung oder Dienstleistungsbereitstellung. Unter Output kann aber auch das Geschäftsergebnis, die Liquidität, der Verschuldungsgrad eines kommunalen Krankenhauses, der Abwasserbeseitigung oder des öffentlichen Nahverkehrs etc. verstanden werden.
- **Outcome** analysiert die Wirkung auf das Gemeinwohl, d. h. ob und in welcher Qualität die öffentliche Aufgabe diesbezüglich realisiert wird. In der Literatur wird Outcome auch als Unterfall von Output interpretiert (vgl. Haiber, T.: Controlling in öffentlichen Unternehmen, S. 411). Im Zentrum der Betrachtung steht die Frage:
  - **Welche Wirkung auf das Gemeinwohl soll mit der Realisierung der öffentlichen Aufgabe erzielt werden?** Zum Beispiel kann sich die verstärkte Kontrolle der Einhaltung der Geschwindigkeitsbegrenzung in der Kommune, auf das Gemeinwohl, d. h. auf das Outcome auswirken, indem die Unfall-, Schwerverletztenquote und die Anzahl der Verkehrsunfälle mit tödlichem Ausgang zurückgehen.

Es ist gang und gäbe, die mangelnde Wirtschaftlichkeit der öffentlichen Verwaltung zu beklagen. Die Wahrhaftigkeit dieser Äußerungen bleibt allerdings zweifelhaft. Aufgrund des Objektivitäts-Gebots müssen mögliche Hindernisse diskutiert werden, die der öffentlichen Verwaltung ein vollständiges wirtschaftliches Handeln erschweren.

Die Gründe sind vor allem:

- Die **Monopol-Stellung** vieler öffentlicher Verwaltungsbetriebe, da diese aufgrund des **fehlenden Wettbewerbs** die Macht des **Anschluss- und Benutzungszwangs** innehaben (Abwasserbeseitigung, Straßenreinigung, Müllabfuhr usw.).

- Die Notwendigkeit, für etwaige **Spitzenbelastungen** ein gewisses Maß an Kapazitäten vorzuhalten (z. B. für Polizei-, Rettungs- und Feuerwehreinsätze, Unterbringung von Asylbewerbern etc.).
- Die **unzureichende** oder **schwierige Messung** bzw. Bewertung der Wirksamkeit öffentlicher Leistungen (z. B. bei Krankenhäusern, öffentlichen Sportstätten oder Grünanlagen, öffentlicher Personennahverkehr etc.).
- Die Initiierung wahlwirksamer Maßnahmen durch **politische Einflussnahme**, die zwar oftmals bei den Wählern positiv ankommen, aber insgesamt als unwirtschaftlich und unwirksam oder sogar als Aktion mit negativer Wirkung angesehen werden (z. B. das Elterngeld).
- Die **strukturellen Gegebenheiten** aufgrund strenger Rechtsverordnungen (z. B. Haushaltsrecht, Hochschulrecht, öffentliches Dienstrecht).
- Die **Einstellung und Arbeitsmoral der Bediensteten** der öffentlichen Verwaltung durch mangelnde Anreizsysteme zur Förderung der Motivation und schlechter Bezahlung von Führungskräften im Vergleich zur Privatwirtschaft (z. B. Besoldungsgruppen A im höheren Dienst und Besoldungsgruppen W).

Die umfassende Einführung der Kosten- und Leistungsrechnung in öffentlichen Einrichtungen ist ein wichtiger Schritt zur Ermöglichung einer wirksameren Prüfung und Kontrolle der Wirtschaftlichkeit der Arbeitsweise in öffentlichen Verwaltungsbetrieben. Ein solches System gibt Aufschluss über die notwendigen Bemessungsgrundlagen und liefert die Daten, die für diese Wirtschaftlichkeitsmessung und -beurteilung benötigt werden.

Um möglichst genaue Aussagen über die Wirtschaftlichkeit des Verwaltungshandelns treffen zu können, ist es weder ausreichend, die Kosten- und Leistungsdaten einer einzigen Abrechnungsperiode zu betrachten, noch allein die einer einzelnen Einrichtung, sondern es ist für die Aussagefähigkeit notwendig, regelmäßig Vergleiche durchzuführen (vgl. Gornas, J. und Beyer, W.: Betriebswirtschaft in der öffentlichen Verwaltung, S. 46).

3.2.7 Vergleichsmaßstäbe

Vergleichsmaßstäbe werden zur Ermittlung der Wirtschaftlichkeit des Verwaltungshandelns benötigt. Die folgenden Möglichkeiten können dabei herangezogen werden (vgl. u. a. Pfohl, H.-C.: Planung, S. 9 ff.):

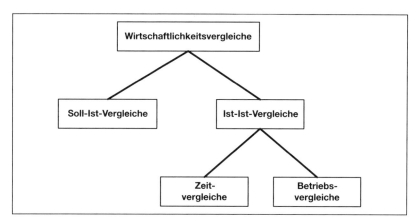

Abb. 33: Arten von Wirtschaftlichkeitsvergleichen (vgl. Gornas, J. und Beyer, W.: Betriebswirtschaft in der öffentlichen Verwaltung, S. 48)

Vergleiche können wie folgt gebildet werden:

- Im Rahmen der **Ist-Ist-Vergleiche** werden tatsächlich angefallene bzw. realisierte Werte gegenübergestellt.

 – Verglichen werden im **Zeitvergleich** das Verhältnis von Ist-Kosten und Leistungen der betreffenden Abrechnungsperiode mit dem Verhältnis von Ist-Kosten und Leistungen aus vergangenen Abrechnungsperioden (vgl. Gornas, J. und Beyer, W.: Betriebswirtschaft in der öffentlichen Verwaltung, S. 47). Dieser Vergleich ist riskant, da er folgende Gefahren in sich birgt:

   – Schlendrian kann mit Schlendrian verglichen werden, wenn z. B. im Vorjahr große Unwirtschaftlichkeiten enthalten sind, kann sich im Berichtsjahr die Wirtschaftlichkeit im Vergleich zum Vorjahr deutlich verbessert haben, jedoch nach wie vor unwirtschaftlich sein.

   – Falls bereits im Vorjahr sehr wirtschaftlich gearbeitet wurde, aber im Berichtsjahr, z. B. wegen externer Einflüsse (Tariferhöhungen), im Vergleich zum Vorjahr ein unwirtschaftlicheres Ergebnis erzielt wurde, kann dies als sehr negativ bewertet werden, obwohl unter den gegebenen Voraussetzungen nicht mehr möglich war.

 – Der **Betriebsvergleich** setzt die Ist-Kosten und Ist-Leistungen einer Einrichtung mit den Ist-Kosten und Ist-Leistungen von branchengleichen Einrichtungen in Beziehung (vgl. Gornas, J. und Beyer, W.: Betriebswirtschaft in der öffentlichen Verwaltung, S. 47). „Um die Aussagekraft des Zeitreihenvergleichs nicht zu gefährden, ist es notwendig, die einmal gewählte Art der Datenerhebung über den Zeitraum hinweg beizubehalten, da es sonst zu ungewollten und nicht einfach zu eliminierenden Verzerrungen kommt" (Barthel, T.: Beteiligungscontrolling im öffentlichen Bereich, S. 234).

- Größere Kommunen sind in der Lage, interne Betriebsvergleiche durchzuführen. Wenn diese für ihre Einrichtungen jeweils eine abgegrenzte Kosten- und Leistungsrechnung haben, können z. B. mehrere Schwimmbäder verglichen werden.
- Kleine Kommunen haben diese Vergleichsmöglichkeiten für ihre jeweiligen Einrichtungen nicht, da diese i. d. R. z. B. maximal ein Schwimmbad betreiben. Hier bietet sich ein kommunaler Leistungsvergleich z. B. über die KGSt an.

- Der **Soll-Ist-Vergleich** setzt die real entstandenen Kosten-Leistungs-Kennzahlen mit dem jeweiligen Soll-Werten in Bezug. Diese Soll-Werte stellen eine Kosten-Leistungs-Relation dar, die unter der Auffassung wirtschaftlicher Arbeitsmethoden errechnet worden ist. Hierbei wird zwischen den sogenannten „**Plankosten**" und „**Standardkosten**" unterschieden:
  - Die analytische Ermittlung bzw. Verwendung von **Plankosten** im Rahmen von Wirtschaftlichkeitsvergleichen ist in erster Linie für die industrielle Produktion von Sachgütern geeignet. Bei der Produktion mit einem hohen Homogenitätsgrad, z. B. der Stromerzeugung, lässt sich eine derartige Kalkulation von Plankosten angemessen durchführen. Auf diese Weise ist es möglich, den für die erstellten Leistungen tatsächlich angefallenen Kosten die Plankosten als Orientierungswert für ökonomische Arbeitsmethoden gegenüberzustellen.
  - Ausgangspunkte für **Soll-Ist-Vergleiche** in der Kernverwaltung ergeben sich dagegen nur auf Grundlage der **Standardkosten**, die auf Basis von Kostendaten vergangener Perioden gebildet werden.

Der **Soll-Ist-Vergleich** erlaubt aus der Differenz zwischen **Soll- und Ist-Kosten** eine bessere Beurteilung der Wirtschaftlichkeit oder Unwirtschaftlichkeit als es beim Ist-Ist-Vergleich der Fall ist, da dieser durch eine Reihe von Störfaktoren belastet wird, die eine Interpretation der Effizienz aus dem Ist-Ist-Vergleich erschweren oder unmöglich machen (vgl. Gornas, J. und Beyer, W.: Betriebswirtschaft in der öffentlichen Verwaltung, S. 48).

Außerdem ist beim Soll-Ist-Vergleich zu verhindern, dass sich die Soll-Zahlen den Ist-Zahlen annähern, weil geänderte Plan-Zahlen als Soll-Zahlen in den Vergleich mit einfließen. Denn an sich soll mit Eingriffen bzw. Aktionen der Ist-Wert dem Soll-Wert angenähert werden, aber nicht umgekehrt, da dadurch der Soll-Ist-Vergleich wertlos wird. Dies ist der Fall bei einem Nachtragshaushalt, denn dort nähern sich die Plan-Zahlen den Ist-Zahlen an.

Literaturverzeichnis

Barthel, T., Strategische Beteiligungssteuerung im Konzern Kommune – Teil 1 – Konzern, Leitbild und Steuerungsproblematik, in: Erfolgreiches Verwaltungsmanagement, Kissing 2016, S. 1–22; zitiert: Strategische Beteiligungssteuerung im Konzern Kommune – Teil 1

Barthel, T., Strategische Beteiligungssteuerung im Konzern Kommune – Teil 2 – Balanced Scorecard, kommunales Anwendungsbeispiel und Prämiensysteme, in: Erfolgreiches Verwaltungsmanagement, Kissing 2016, S. 1–34; zitiert: Strategische Beteiligungssteuerung im Konzern Kommune – Teil 2

Barthel, T., Kommunales Konzernmanagement als Chance zur Steuerung im dynamischen Umfeld, in: Das verwaltungswissenschaftliche Studium an der Kommunalen Hochschule für Verwaltung in Niedersachsen, hrsg. von Koop, M. und Weidemann, H., Bd. 1, Hamburg 2015, S. 122–125; zitiert: Konzernmanagement

Barthel, T., Strategische Steuerung im Konzern Kommune (1) – Die Kommunale Gebietskörperschaft als Konzern und die Balanced Scorecard als Managementinstrument, in: Neues Verwaltungsmanagement, Berlin 2010, 12. Ergänzungslieferung, S. 1–26; zitiert: Strategische Steuerung im Konzern Kommune (1)

Barthel, T., Strategische Steuerung im Konzern Kommune (2) – Die Steuerung von Tochterunternehmen durch eine Konzernmutter-Balanced Scorecard, in: Neues Verwaltungsmanagement, Berlin 2010, 12. Ergänzungslieferung, S. 1–40; zitiert: Strategische Steuerung im Konzern Kommune (2)

Barthel, T., Beteiligungscontrolling im öffentlichen Bereich – dargestellt am Beispiel der Steuerung im Konzern Kommune, in der Schriftenreihe: Strategisches Management, Bd. 60, Hamburg 2008; zitiert: Beteiligungscontrolling im öffentlichen Bereich

Barthel, T., Strategisches und operatives Hochschulcontrolling, in: Einheit in Vielfalt – Festschrift zum 10-jährigen Bestehen der Diploma Fachhochschule Nordhessen, Bad Sooden-Allendorf 2008, S. 25–42; zitiert: Strategisches und operatives Hochschulcontrolling

Barthel, T., Potentielle Aufgaben eines Controllers an Universitäten, in: Verwaltungsmanagement im Wandel der Zeit, hrsg. von Barthel, T. und Schneidewind, T., Hamburg 2007, S. 85–112; zitiert: Potentielle Aufgaben eines Controllers

Barthel, T., Kommunale Prämiensysteme – Die aktuelle Praxis, in: Neues Verwaltungsmanagement, Nummer 31, 7. Jg., Berlin 2004, S. 1–16; zitiert: Prämiensysteme

Barthel, T., Kommunale Beurteilungssysteme – Die aktuelle Praxis, in: Neues Verwaltungsmanagement, Nummer 30, 7. Jg., Berlin 2004, S. 1–20; zitiert: Beurteilungssysteme

Barthel, T., Kommunale Beteiligungsberichte als Steuerungsinstrument – Beteiligungsberichte am Beispiel von Krankenhäusern, in: Innovative Verwaltung, Nummer 6, 24. Jg., Wiesbaden 2002, S. 19–22; zitiert: Beteiligungsberichte als Steuerungsinstrument

Barthel, T. und Kott, I., Benchmarking in der öffentlichen Verwaltung, in: Erfolgreiches Verwaltungsmanagement, Kissing 2014, S. 1–20; zitiert: Benchmarking

Barthel, T. u. a., Leitfaden zum kommunalen Beteiligungscontrolling, hrsg. vom Städtetag Baden-Württemberg, Stuttgart 1999; zitiert: Beteiligungscontrolling

Benz, A. und Fürst, D., Region – „Regional Governance" – Regionalentwicklung, in: Regionen erfolgreich steuern, hrsg. von Adamaschek, B. und Pröhl, M., Gütersloh 2003; zitiert: Regionen erfolgreich steuern

Blume-Beyerle, W., Das „Neue Steuerungsmodell" in Theorie und Praxis – der Münchner Ansatz, in: Wege in die neue Steuerung, hrsg. von H. Hill und H. Klages, Berlin u. a. 1996, S. 125–142; zitiert: Neue Steuerungsmodell

Brede, H., Grundzüge der Öffentlichen Betriebswirtschaftslehre, 2. Aufl., München 2005; zitiert: Grundzüge der Öffentlichen Betriebswirtschaftslehre

Braun, G., Betriebswirtschaftliche Kennzahlen und Indikatoren zur Verbesserung der Wirtschaftlichkeit des staatlichen Verwaltungshandelns, in: Doppik und Kameralistik, hrsg. von P. Eichhorn, Schriften zur öffentlichen Verwaltung und öffentlichen Wirtschaft, hrsg. von Eichhorn, P. und Friedrich, P., Bd. 100, Baden-Baden 1987, S. 183–200; zitiert: Betriebswirtschaftliche Kennzahlen und Indikatoren

Brigham, W. und Weston, J. Fred., Essentials of Managerial Finance, 10. Aufl., Austin u. a. 1993; zitiert: Essentials of Managerial Finance

Brigham, W. und Weston, J. Fred., Managerial Finance, Illinois 1975; zitiert: Managerial Finance

Brümmerhoff, D., Finanzwissenschaft, 8. Aufl., München, Wien 2001; zitiert: Finanzwissenschaft

Bull, H. P., Wandel und Wachsen der Verwaltungsaufgaben, in: Handbuch der Verwaltung, Heft 2.1, hrsg. von Becker, U. und Thieme, W., Köln u. a. 1974, S. 1–24; zitiert: Verwaltungsaufgaben

Bundesfinanzministerium, Funktionenplan (mit Zuordnungshinweisen) und Allgemeinen Vorschriften, Internet-Download am 14.3.2016, http://www.bundesfinanzministerium.de/Content/DE/Standardartikel/Themen/Oeffentliche_Finanzen/Standards_fuer_Haushalte/funktionenplan.pdf?__blob=publicationFile&v=6; zitiert: Funktionenplan

Bundesinstitut für Bau-, Stadt- und Raumforschung im Bundesamt für Bauwesen und Raumordnung (BBSR) im Bundesamt für Bauwesen und Raumordnung (BBR) & Initiativkreis Europäische Metropolregionen in Deutschland (IKM) (Hrsg.), Metropolregionen – Daten und Karten zu den Europäischen Metropolregionen in Deutschland 2012; zitiert: Metropolregionen in Deutschland

Cronauge, U. und Westermann, G., Kommunale Unternehmen, Bd. 3, 5. Aufl., Berlin 2006; zitiert: Kommunale Unternehmen

Forrester, J. W., Grundzüge einer Systemtheorie, Wiesbaden 1972; zitiert: Systemtheorie

Freibad Hänigsen eG, Internet-Download am 4.2.2018, http://www.dasfreibad.de/; zitiert: Freibad Hänigsen eG

Fricke, E. und Giesen, H. A., Das Haushaltsrecht des Landes Nordrhein-Westfalen, München 1972; zitiert: Haushaltsrecht

Goldbach, A., Grommas, D. und Barthel, T., Entscheidungslehre. Methoden und Techniken öffentlich-betriebswirtschaftlicher Entscheidungen in elementaren Grundzügen, 6. Aufl., Rinteln 2015; zitiert: Entscheidungslehre

Gornas, J., Funktionalreform in Mecklenburg-Vorpommern, Schwerin 1993; zitiert: Funktionalreform

Gornas, J. und Beyer, W., Betriebswirtschaft in der öffentlichen Verwaltung, Systematische Darstellung der Besonderheiten der öffentlichen Betriebswirtschaftslehre, Köln 1991; zitiert: Betriebswirtschaft in der öffentlichen Verwaltung

Haiber, T., Controlling in öffentlichen Unternehmen, München 1997; zitiert: Controlling in öffentlichen Unternehmen

HaushaltsSteuerung, Portal zur öffentlichen Haushalts- und Finanzwirtschaft, Stichwort: KGSt-Zielfelder, Internet-Download am 4.2.2015, http://www.haushaltssteuerung.de/lexikon-kgst-zielfelder.html; zitiert: KGSt-Zielfelder

Heuermann, R. und Tomenendal, M., Öffentliche Betriebswirtschaftslehre, München 2011; zitiert: Öffentliche Betriebswirtschaftslehre

Hoyer, W. und Rettig, R., Grundlagen der mikroökonomischen Theorie, 3. Aufl., Düsseldorf 1993; zitiert: Grundlagen

Innenministerium Niedersachsen, Aufbau der niedersächsischen Landesverwaltung Stand 11/2017, Internet-Download am 29.1.2018, http://www.mi.niedersachsen.de/portal/live.php?navigation_id=14938&article_id=61265&_psmand=33; zitiert: Aufbau der Landesverwaltung

Innenministerium Niedersachsen, Kommunen in Niedersachsen 2017, Internet-Download am 8.01.2018, https://www.mi.niedersachsen.de/themen/kommunen/kommunen-in-niedersachsen-63108.html; zitiert: Kommunen in Niedersachsen

KGSt, Produkte auf dem Prüfstand, Bericht, Köln 2005; zitiert: Produkte auf dem Prüfstand

KGSt, Verwaltungsorganisation der Gemeinden: Aufgabengliederungsplan, Verwaltungsgliederungsplan, Gutachten, Köln 1979; zitiert: Verwaltungsorganisation

Krems, B., Stichwort „Effektivität, Effizienz" im Online-Verwaltungslexikon, Internet-Download am 5.2.2015, http://www.olev.de/; zitiert: Online-Verwaltungslexikon, Stichwort: Effektivität, Effizienz

Krems, B., Stichwort „Systemmodell" im Online-Verwaltungslexikon, Internet-Download am 5.2.2015, http://www.olev.de/; zitiert: Online-Verwaltungslexikon, Stichwort: Systemmodell

LSKN, Pressemitteilung, Zahl der Gemeinden sinkt im Jahr 2013 auf 1000, Internet-Download am 5.2.2015, http://www.statistik.niedersachsen.de/portal/live.php?navigation_id=25666&article_id=115404&_psmand=40; zitiert: Gemeindefusion

Loehr, W. und Sandler, T., Public Goods and Public Policy, Beverly Hills 1978; zitiert: Public Goods

Lösch, A. v., Privatisierung öffentlicher Unternehmen, 2. Aufl., Baden-Baden 1987; zitiert: Privatisierung

LSN, Bezugsbekanntmachung des LSN vom 25.4.2017 Nds. MBl. Nr. 19 vom 17.5.2017, S. 569; zitiert: Bezugsbekanntmachung

Mäding, E., Aufgaben der öffentlichen Verwaltung, in: DÖV 1973, S. 257–282; zitiert: Aufgaben

Metropolregion Hannover-Braunschweig-Göttingen-Wolfsburg, Organisation, Internet-Download am 1.8.2011, http://www.metropolregion.de/pages/organisation/metropolregion_gmbh/index.html; zitiert: Organisation

Metropolregion Rhein-Neckar, Verband Region Rhein Neckar, Internet-Download am 1.8.2011, http://www.m-r-n.com/start/regionalplanung-entwicklung/institution/verband-region-rhein-neckar/organe.html; zitiert: Verband Region Rhein Neckar

Mohl, A., Kabinettsbeschluss in Niedersachsen – Niedersachsen will Rolle kommunaler Unternehmen stärken, in: Der Neue Kämmerer, 6.1.2016, Internet-Download am 11.1.2016; zitiert: Kabinettsbeschluss

Musgrave, R. A., Musgrave, P. B. und Kullmer, L. L., Die öffentlichen Finanzen in Theorie und Praxis, Bd. 1, 3. Aufl., Tübingen 1984; zitiert: Finanzen

OECD, Glossary of Key Terms in Evaluation and Results Based Management – Glossar entwicklungspolitischer Schlüsselbegriffe aus den Bereichen Evaluierung und ergebnisorientiertes Management, Paris 2009; zitiert: Glossary

Osel, J., Höherer Dienst, höhere Ansprüche, o. O. o. J., Internet-Download am 14.3.2016, http://www.sueddeutsche.de/bildung/studium-beamtenlaufbahn-hoeherer-dienst-hoehere-ansprueche-1.2798464; zitiert: Höherer Dienst

Osel, J., Der Staat erklärt den Bachelor quasi für unbrauchbar, o. O. o. J., Internet-Download am 14.3.2016, http://www.sueddeutsche.de/bildung/bachelor-absolventen-der-staat-erklaert-den-bachelor-quasi-fuer-unbrauchbar-1.2799486; zitiert: Bachelor

o. V., Rechnungshof stellt Stiftungshochschulen in Frage, in: rb – rundblick Nord-Report, Nr. 105, hrsg. von Drei Quellen Verlag, Hannover 2016, S. 1; zitiert: Stiftungshochschulen

o. V., Höherer Dienst nur für den Master, in: Forschung und Lehre, Nr. 2, Bonn 2016, S. 101; zitiert: Master

o. V., Kammern gegen mehr wirtschaftliche Betätigung der Kommunen, in: rb – rundblick Nord-Report, Nr. 033, hrsg. von Drei Quellen Verlag, Hannover 2016, S. 1; zitiert: Kammern

o. V., Kommunale Pleiten durch die Novelle der Kommunalverfassung?, in: rb – rundblick Nord-Report, Nr. 026, hrsg. von Drei Quellen Verlag, Hannover 2016, S. 1; zitiert: Kommunale Pleiten

o. V., Wirtschaftliche Betätigung der Kommunen wird erleichtert, in: rb – rundblick Nord-Report, Nr. 195, hrsg. von Drei Quellen Verlag, Hannover 2015, S. 1; zitiert: Wirtschaftliche Betätigung

o. V., Kommunaler Produktplan Baden-Württemberg, hrsg. vom Innenministerium Baden-Württemberg, Schriftenreihe des Innenministeriums Baden-Württemberg zum kommunalen Haushalts- und Rechnungswesen, Heft 2, Stuttgart 1996; zitiert: Kommunaler Produktplan

Pfohl, H.-C., Planung und Kontrolle, Stuttgart u. a. 1981; zitiert: Planung

Püttner, G., Verwaltungslehre, 3. Aufl., München 2000; zitiert: Verwaltungslehre

Rahn, H.-J., Unternehmensführung, 8. Aufl., Herne 2012; zitiert: Unternehmensführung

Reichmann, T., Kennzahlen, in: Vahlens großes Controllinglexikon, hrsg. von Horvath P. und Reichmann, T., München 1993, S. 343–344; zitiert: Kennzahlen

Röhl, A., Konnexitätsprinzip und Konsultationsverfahren als Ausdruck kommunaler Selbstverwaltung: Zu Grundlagen, Inhalten und Entwicklungen des Konnexitätsprinzips, Frankfurt 2006; zitiert: Konnexitätsprinzip

Seybold, J., Kommunalverfassung des Landes Niedersachsen, Dresden 2011; zitiert: Kommunalverfassung

Seybold; J., Neumann W. und Weidner, F., Niedersächsisches Kommunalrecht, 4. Aufl., Hamburg 2015; zitiert: Niedersächsisches Kommunalrecht

Sohmen, E., Allokationstheorie und Wirtschaftspolitik, Tübingen 1976; zitiert: Allokationstheorie

Springer Gabler Verlag, Gabler Wirtschaftslexikon, Stichwort: Societas Europeae (SE), Internet-Download am 4.2.2015, http://wirtschaftslexikon.gabler.de/Archiv/13452/societas-europaea-se-v9.html; zitiert: Springer Gabler Verlag, Gabler Wirtschaftslexikon, Stichwort: Societas Europeae (SE)

Stadt Hamburg, Hamburg Handbuch – Mit Hamburg verbunden 2012/2013, Hamburg 2013; zitiert: Hamburg Handbuch

Stadt Mannheim, Dezernatsverteilungsplan, Mannheim 2016, Internet-Download am 29.1.2018, https://www.mannheim.de/sites/default/files/page/560/dezernatsverteilungplan_stand_1.02.2016.pdf; zitiert: Dezernatsverteilungsplan

Theurl, E., Voting on Foot – das Theorem des Wanderungsföderalismus, in: WiSt, 11. Jg., 1982, S. 479 ff.; zitiert: Voting

Thieme, W., Verwaltungslehre, 4. Aufl., Berlin u. a. 1984; zitiert: Verwaltungslehre

Thüga Holding GmbH und Co KGaA, Geschäftsbericht 2014, München 2015; zitiert: Geschäftsbericht

Timm, H., Finanzwirtschaftliche Allokationspolitik, in: HdF, Bd. 3, 3. Aufl., Tübingen 1981, S. 135 ff.; zitiert: Allokationspolitik

Truckenbrodt, H. und Zähle K., Der kommunale Haushalt in Aufstellung, Ausführung und Abschluss, 3. Aufl., Hamburg 2014; zitiert: Der kommunale Haushalt

Uslarer Badeland eG, Internet-Download am 4.2.2018, http://www.uslarer-badeland.de/; zitiert: Uslarer Badeland eG

Varian, H. R., Mikroökonomie, 2. Aufl., München u. a. 1985; zitiert: Mikroökonomie

Verband Kommunaler Unternehmen e. V., Rekommunalisierung – Ansprechpartner, o. O. o. J., Internetdownload am 14.3.2016, http://www.vku.de/index.php?eID=tx_nawsecuredl&u=0&g=0&t=1458024197&hash= 9b62a7afe8845c9ab956a69f34fda77dfd2dc438&file=fileadmin/media/ Bilder/Zukunftsthemen/Stadtentwicklung/Ansprechpartner_Best-Practice_ 2009_2012.pdf; zitiert: Rekommunalisierung – Ansprechpartner

Verband Kommunaler Unternehmen e. V., Stadtwerke Hameln GmbH, o. O. o. J., Internet-Download am 14.3.2016, http://www.vku.de/index.php?eID=tx_nawsecuredl&u=0&g=0&t=1458024205&hash= e745497525e7ae133ddd8b01a5d51c586007f253&file=fileadmin/media/ Bilder/Zukunftsthemen/Stadtentwicklung/2009_Stadtwerke_Hameln_ GmbH_-_Kooperationsmodell.pdf; zitiert: Stadtwerke Hameln GmbH

Verband Kommunaler Unternehmen e. V., Stadtwerke Schneverdingen GmbH, o. O. o. J., Internet-Download am 14.3.2016, http://www.vku.de/index.php?eID=tx_nawsecuredl&u=0&g=0&t=1458024205&hash= 909edf55c2460eb7f7ac32c2ddd6dd025d7f1cb4&file=fileadmin/media/ Bilder/Zukunftsthemen/Stadtentwicklung/2009_Stadtwerke_ Schneverdingen_GmbH_-_Netz%C3 %BCbernahme.pdf; zitiert: Stadtwerke Schneverdingen

Waldbad Osterwald e. V., Internet-Download am 4.2.2018, http://www.waldbad-osterwald.de/; zitiert: Waldbad Osterwald e. V.

Waldfreibad Wolfshagen e. V., Internet-Download am 4.2.2018, http://woelfibad.de/; zitiert: Waldfreibad Wolfshagen e. V.

Wittmann, W., Öffentliche Finanzen, Einführung in die Finanzwirtschaft, 2. Aufl., Opladen 1983; zitiert: Öffentliche Finanzen

Wöhe, G., Bilanzierung und Bilanzpolitik, 9. Aufl., München 1997; zitiert: Bilanzierung und Bilanzpolitik

Wöhe, G. und Döring, U., Einführung in die Allgemeine Betriebswirtschaftslehre, 25. Aufl., München 2013; zitiert: Einführung Betriebswirtschaftslehre

Wolff, H. J., Bachof, O., Stober, R. und Kluth, W., Verwaltungsrecht I. Ein Studienbuch, Juristische Kurz-Lehrbücher, 13., neu bearb. Aufl., München 2017; zitiert: Verwaltungsrecht

Wolff, R., Betriebswirtschaftslehre. Eine Einführung unter besonderer Berücksichtigung öffentlicher Betriebe, 2. Aufl., Stuttgart u. a. 1983; zitiert: Betriebswirtschaftslehre

Stichwortverzeichnis

Die Zahlen hinter den Stichworten verweisen auf die Seiten des Buches.

Stichwortverzeichnis

Stichwortverzeichnis

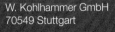

Kohlhammer
Deutscher Gemeindeverlag